动荷载作用下
沥青路面响应及破坏分析

胡 朋 / 著

Under Dynamic load

Response and Failure Analysis of Asphalt Pavement

人民交通出版社股份有限公司
China Communications Press Co.,Ltd.

内 容 提 要

本书是依据交通运输部应用基础研究项目"大型MTS模拟车辆动荷载激励下沥青路面动力响应及破坏机理研究"和"基于双轴加速加载试验的沥青路面疲劳损坏演变规律研究"所取得成果编写而成。本书从理论和试验两个方面系统分析了车辆动荷载特征，在此基础上采用大型MTS和加速加载设备进行了典型沥青路面动态响应试验和沥青路面疲劳破坏研究，分析了动荷载作用下沥青路面的动态响应，提出了变应变条件下的沥青路面疲劳破坏方程，给出了车辙预测模型。

本书提供了大量的试验数据和新颖的试验研究方法，对试验过程中的细节描述较多，对从事沥青路面动力响应、沥青路面疲劳破坏研究的技术人员具有一定的参考价值。可供从事公路工程行业的研究人员和工程技术人员及高校教师和研究生学习参考。

图书在版编目(CIP)数据

动荷载作用下沥青路面响应及破坏分析/胡朋著
.—北京:人民交通出版社股份有限公司,2018.3
ISBN 978-7-114-13761-7

Ⅰ.①动… Ⅱ.①胡… Ⅲ.①轴载—作用—沥青路面—冲击响应—载荷分析 Ⅳ.①U416.217

中国版本图书馆CIP数据核字(2017)第080169号

书　　名：动荷载作用下沥青路面响应及破坏分析
著 作 者：胡　朋
责任编辑：王　霞　李　娜
出版发行：人民交通出版社股份有限公司
地　　址：(100011)北京市朝阳区安定门外外馆斜街3号
网　　址：http://www.ccpress.com.cn
销售电话：(010)59757973
总 经 销：人民交通出版社股份有限公司发行部
经　　销：各地新华书店
印　　刷：北京市密东印刷有限公司
开　　本：720×960　1/16
印　　张：9.75
字　　数：170千
版　　次：2018年3月　第1版
印　　次：2018年3月　第1次印刷
书　　号：ISBN 978-7-114-13761-7
定　　价：48.00元
(有印刷、装订质量问题的图书由本公司负责调换)

序

PREFACE

高等级公路上行驶的车辆速度高，在其路面结构响应分析时，应该考虑动荷载和路面材料的时间效应。20 世纪 80 年代开始欧美道路工作者就试图建立动荷载作用下路面设计理论和方法，近 20 年来，国内研究者也开展了这方面的研究工作。鉴于问题的复杂性，至今还没能建立全面考虑荷载动态特性的路面设计规范。

动荷载是随机的、交变的，具有瞬态性和次序相关性。路面材料的动态特性和破坏特性与行车速度密切相关。研究动荷载下沥青路面的结构行为，首先应通过简单的假设建立起理论框架，通过严谨的逻辑推理，推导出合理的结论；然后精心设计试验进行材料动态参数测试和动强度测试，最后结合大量现场实时观测资料把理论和工程实践有机地结合在一起。把车辆与道路作为一个整体进行研究，既可以优化路面设计，也可以优化车辆设计。研究不同动荷载作用下的沥青路面结构响应，有助于建立考虑荷载动态特性的路面设计方法。

青年学者胡朋博士对道路工程研究充满热情，敢于创新，认真踏实，经过不懈努力，在动荷载和动荷载作用下沥青路面结构响应分析及测试方面取得了系列成果，经悉心整理，著作成册。书中理论分析和试验研究并重，概念展开循序渐进，叙述清晰，编排合理，结构严谨，系统全面，其研究成果将裨益于道路工程技术人员和研究人员理解动荷载的特性及动荷载作用下沥青路面结构行为。可以相信，本书的出版将对道路工程专业教学及科研工作产生推动作用。

郑传超

2017 年 2 月于西安

前 言

FOREWORD

改革开放以来，我国高速公路发展迅速，仅用短短十几年的时间就赶上了国外发达国家将近半个世纪的建设业绩。根据交通运输部发布的2015年交通运输行业发展公报，目前全国等级公路里程404.63万公里，高速公路里程12.35万公里，其中，国家高速公路7.96万公里，全国高速公路车道里程54.84万公里。

公路建设尤其是高速公路为车辆快速、高效、安全和舒适地运行提供了良好的条件，促进了汽车工业的迅猛发展。为满足日益增长的交通需求，车辆的超载超速现象也越来越普遍，许多地区运输车辆的轴重已远远大于国家的相关标准规定。车辆荷载是造成路面出现早期损坏、影响路面使用寿命和服务能力的关键因素之一。这种影响主要表现在两个方面：超载和动态荷载。超载引起路面的破坏已经引起足够的重视，而且也进行了大量的研究，然而对动荷载及其破坏效应却研究不足。

本书是依据交通运输部应用基础研究项目所取得成果编写而成，侧重于试验研究方法和研究过程的介绍，兼顾理论研究。利用自主研发的车辆轮轴动荷载测量仪测试了货车的轮轴竖向振动特征，进行了频谱分析，给出了车辆轮轴竖向振动在频域内的特征。在《基于双轴加速加载试验的沥青路面疲劳损坏演变规律研究》研究项目中，利用自主研发的加速加载设备进行了路面加速加载试验，分析了动荷载作用下沥青路面的动态响应，提出了变应变条件下的沥青路面疲劳破坏方程，给出了车辙预测模型。然而，加速加载试验周期长，耗用经费高，广泛推广应用难度较大。我们尝试使用大型MTS进行路面结构动态响应和疲劳破坏的研究方法，进行了不同路面结构的动态响应，得到了一些研究成果和结论。为了将这些研究成果和广大同行进行交流和探讨，才有了编写本书的初衷。

本书共分7章。第1章为绪论，主要介绍我国公路建设中出现的早期病害，形成的原因分析；第 2 章为路面不平度引起车辆动荷载的研究，主要从理论上进行分析车辆竖向振动特征，研究动荷载大小；第 3 章为车辆轮轴竖向振动特征试验研究，主要开展了大型货车和小型货车的车辆轮轴竖向振动特征试验研究，分析了其时域和频域特征；第 4 章为模拟车辆动荷载作用下沥青路面动态响应研究，主要利用大型 MTS 模拟车辆动荷载进行不同路面结构的动态响应研究；第 5 章为加速加载条件下半刚性基层沥青路面动态响应研究，主要利用加速加载设备进行路面结构动态响应研究和疲劳破坏试验研究；第 6 章为基于加速加载试验的沥青路面疲劳模型研究，主要是针对柔性基层的加速加载试验成果进行分析，提出了变应变条件下的沥青路面疲劳破坏模型；第 7 章为车辆动荷载作用下路面动态响应仿真分析，本章中建立了有限元模型，利用材料的动态模量，仿真分析了动荷载作用下沥青路面结构响应。本书第 1 章、第 2 章由山东交通学院胡朋编写，第 3 章由山东交通学院胡朋和烟台市莱州公路管理局李岩涛编写，第 4 章由山东交通学院胡朋、赵之仲编写，第 5 章由山东交通学院胡朋和烟台市莱州公路管理局刘晓编写，第 6 章、第 7 章由山东交通学院胡朋、庄传义编写。

本书在完成过程中，得到交通运输部应用基础研究项目《大型 MTS 模拟车辆动荷载激励下沥青路面动力响应及破坏机理研究》和《基于双轴加速加载试验的沥青路面疲劳损坏演变规律研究》课题组的大力支持和帮助，在此向课题组的主要成员唐勇、李晋、邢德进、赵之仲、郭德栋、庄传义表示衷心感谢。

限于作者水平有限，书中错误在所难免，同时本书编写初衷也是以交流探讨为目的，希望广大读者批评指正。

编　者

2017 年 2 月于济南

目　录

CONTENTS

第 1 章　绪论 …… 1

1.1　我国沥青路面发展面临的问题 …… 1

1.2　车辆动荷载 …… 7

1.3　动荷载国内外研究现状 …… 8

本章参考文献 …… 10

第 2 章　路面不平度引起车辆动荷载的研究 …… 12

2.1　路面平整度的定义及测评方法 …… 12

2.2　随机振动与车辆振动模型 …… 16

2.3　二自由度车辆振动模型及动荷载的计算 …… 21

2.4　五自由度车辆振动模型及动荷载的计算 …… 25

2.5　考虑动荷载影响的当量轴载换算理论分析 …… 35

2.6　本章小结 …… 39

本章参考文献 …… 40

第 3 章　车辆轮轴竖向振动特征试验研究 …… 43

3.1　车辆轮轴竖向振动加速度和动荷载的关系 …… 43

3.2　车辆轮轴动荷载测量仪 …… 44

3.3　车辆轮轴振动测试 …… 46

3.4　轮轴振动时域特征分析 …… 47

3.5　车辆轮轴振动加速度频域分析原理 …… 53

3.6　车辆轮轴振动加速度功率谱密度 …… 53

3.7　基于车辆轮轴竖向振动现场试验的当量轴载换算分析 …… 58

3.8　本章小结 …… 60

本章参考文献 …… 61

第 4 章　模拟车辆动荷载作用下沥青路面动态响应研究 …… 63

4.1　路面结构模型 …… 64

4.2　传感器选型与埋设 …… 76

4.3 模型安装与加载压头设计 …… 78
4.4 压头接地面积和接地压强 …… 79
4.5 加载方案与数据采集 …… 81
4.6 试验数据 …… 83
4.7 荷载大小对沥青面层应变的影响 …… 86
4.8 荷载大小对基层层底拉应变的影响 …… 88
4.9 荷载频率对面层层底应变的影响 …… 89
4.10 温度对沥青面层应变的影响 …… 91
4.11 纵横向应变的差异分析 …… 92
4.12 本章小结 …… 92
本章参考文献 …… 92
第5章 加速加载条件下半刚性基层沥青路面动态响应研究 …… 94
5.1 加速加载设备 …… 95
5.2 半刚性基层沥青路面试验路方案与铺设 …… 97
5.3 试验现场检测 …… 98
5.4 路面(层底)应变响应规律研究 …… 101
5.5 沥青路面抗滑性能变化规律 …… 103
5.6 车辙变化规律及车辙模型预测 …… 104
5.7 本章小结 …… 111
本章参考文献 …… 111
第6章 基于加速加载试验的沥青路面疲劳模型研究 …… 116
6.1 沥青混合料疲劳试验方法 …… 116
6.2 影响沥青路面疲劳的因素 …… 117
6.3 柔性基层沥青路面疲劳破坏研究 …… 123
6.4 本章小结 …… 129
本章参考文献 …… 129
第7章 车辆动荷载作用下路面动态响应仿真分析 …… 132
7.1 模型的建立 …… 133
7.2 路面材料动模量 …… 134
7.3 理论仿真结果与试验结果的对比分析 …… 140
7.4 动静荷载工况组合 …… 141
7.5 仿真分析结果 …… 142
7.6 本章小结 …… 143
本章参考文献 …… 144

第1章　绪　　论

1.1　我国沥青路面发展面临的问题

1.1.1　沥青路面的病害

改革开放以来，我国公路发展迅猛，仅用短短十几年的时间就赶上了国外发达国家将近半个世纪的建设业绩。由于沥青混凝土路面具有较好的行车舒适性、施工简单、噪声低、修复容易等优点，多年来被我国广泛采用。

根据交通运输部发布的2015年交通运输行业发展公报，目前全国等级公路里程404.63万公里，等级公路占公路总里程88.4%。其中，二级及以上公路57.49万公里，占公路总里程12.6%。全国高速公路里程12.35万公里，其中，国家高速公路7.96万公里，全国高速公路车道里程54.84万公里。如图1-1、图1-2所示。

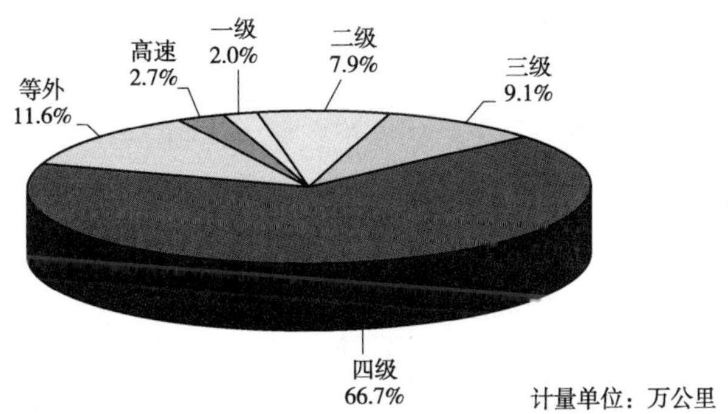

图1-1　我国公路等级组成

我国经济发展日新月异，随着交通量和交通荷载的不断增长，公路建设里程也迅速增加。路面在长期交通荷载反复作用下会产生疲劳破坏，从而导致整个路面结构失效。国外经验表明，大规模公路建设之后将是更大规模的公路养护维修，这一规律将在我国高速公路上表现得尤为突出。我国公路建设中，沥青类路面占据了主流地位,沥青类路面的常见病害多而复杂。沥青类路面的主要病害有裂缝、车辙、坑槽,拥包等,表 1-1 为山东省部分高速公路路面病害类型[1]。

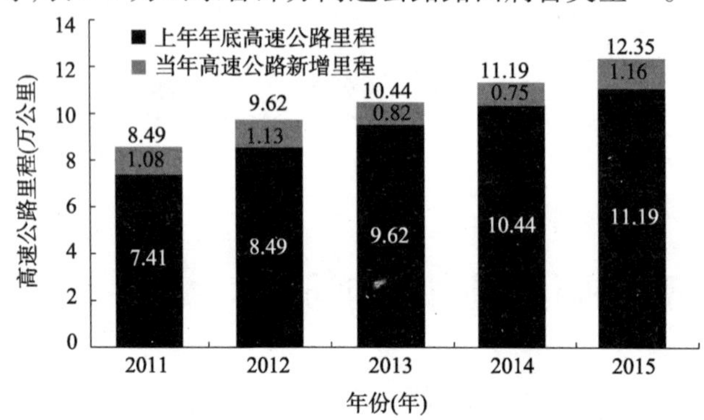

图 1-2 2011 ~ 2015 年全国高速公路里程

山东省部分高速公路路面病害类型 表 1-1

公 路 名 称	使用时长(年)	主 要 病 害
京福高速公路 DQ 段	3	横向裂缝、沉陷、龟裂、车辙、纵向裂缝和坑槽
京福高速公路 JD 段公路	3	网裂、横向裂缝、纵向裂缝、坑槽
济聊高速公路	4	横向裂缝、纵向裂缝、块裂、松散、唧泥等
济青高速公路	4	横向裂缝、网裂、沉陷等
京福高速公路 JT 段	3	横向裂缝、纵向裂缝、车辙、表面层网裂
济南西外环高速公路	8	裂缝、坑槽和车辙等

张岩[2]对长平高速公路下行(即四平至长春方向)K283 ~ K176 的路面状况进行了调查,发现路面典型的病害形式为裂缝(包括块状裂缝、纵向裂缝、横向裂缝)、坑槽、沉陷、车辙等,其中以轻型横向裂缝和轻型车辙最为严重。姬猛[3]调查了福泉高速公路的病害,主要有裂缝、车辙、沉陷和水损害等。

裂缝是沥青类路面常见的一种破坏类型。裂缝的类型,主要以温缩裂缝和疲劳裂缝为主。疲劳开裂的特点是:路面无显著的永久变形,开始大都是形成细而短的横向开裂,继而逐渐扩展成网状,开裂的宽度和范围不断扩大。产生疲劳开裂的原因,主要是沥青结构层受车轮荷载的反复弯曲作用,使结构层底面产生的拉应变或拉应力值超过材料的疲劳强度,层底产生开裂,并逐渐向表面发展,从而导致面层破坏。

路面结构中某些整体性结构层在低温时由于材料收缩受限制而产生较大的拉

应力,当它超过材料相应条件下的抗拉强度时便产生开裂。由于路面的纵向尺寸远大于横向,低温收缩时侧向约束不大,这种开裂一般表现为横向间隔性的裂缝,严重时才发展为纵向裂缝。在季节性冰冻地区,沥青面层和用无机结合料稳定的整体性基层,冬季都有可能出现这种温缩裂缝。

车辙是沥青类路面又一种主要病害形式,它是沥青路面在长期车辆重复荷载作用下,沥青面层产生的永久变形的累积。这种变形出现在行车轮迹带处,即形成路面的纵向带状凹陷。车辙是高级沥青路面的主要破坏形式。因为这类路面的使用寿命较长,即使每一次行车荷载作用产生的残余变形量很小,但是多次重复作用累积起来的残余变形总和也会较大,以至于影响车辆的正常行使。

1.1.2 我国沥青路面设计理论

沥青路面设计方法可分为理论法和经验法。经验法主要是通过试验路或使用性能调查、分析而得,如 CBR 法、AASHTO 法。理论法实际上是理论与经验相结合的半经验半理论法,多数是以弹性层状体系理论为基础并通过实践验证而提出的,如比利时,壳牌石油公司,英国运输部,澳大利亚、南非、美国沥青协会等。

我国新建公路沥青路面设计采用双圆垂直均布荷载作用下的多层弹性层状体系理论,以设计弯沉值为路面整体刚度的设计指标。对沥青混凝土面层和半刚性材料的基层、底基层,应进行层底拉应力的验算。在城市道路中,由于汽车在交叉路口、车站等处的沥青面层上频繁起动、制动,常常引起面层表面产生推挤和拥起等剪切破坏,因而我国城市道路设计规范规定在弯沉和拉应力两项指标之外,增加一项剪应力指标。在进行沥青面层的剪切验算时,要求面层在车轮垂直荷载与水平荷载共同作用下,其破坏面上可能产生的剪应力 τ_α,不应超过材料的容许剪应力 τ_R。

各类沥青路面的破损形式不尽相同,现行规范设计针对性不强,如果以相同的指标控制各类沥青路面破损的发生,显然不尽合理,也就不能从真正意义上杜绝高速公路普遍存在的早期破损发生。

1.1.3 半刚性基层路面弯沉检测

路面弯沉值的大小,反映了路面整体刚度弱强,过大的塑性变形导致路面下沉变形,产生车辙。当路面在车辆荷载反复作用下不断地弯曲,使变形积累、增大到某种程度时,路面结构产生了疲劳开裂。在目前路面质量评价指标中,弯沉是非常重要的一项指标。然而在山东省内多条新旧道路的弯沉检测(表 1-2)中发现,半刚性基层沥青路面代表弯沉值均能满足设计弯沉值要求,甚至在有些已经破损的路面上也基本能达到设计弯沉值的要求。

山东省部分道路弯沉检测与设计值　　表 1-2

序号	道路名称	面层类型	基层类型	道路等级	设计弯沉值(0.01mm)	检测代表弯沉值(0.01mm)	道路状况
1	济南市高新区康虹路	沥青混凝土	水泥稳定碎石+石灰土	城市次干路	22.0	16.8	旧路质量评定
2	济聊高速公路	沥青混凝土	二灰碎石+二灰土	高速公路	21.2	13.6	旧路质量评定
3	省道 S104 王晋村附近段	沥青混凝土	水泥稳定碎石+水泥稳定砂砾	二级公路	—	14.0	旧路质量评定
4	济南长清长孝路	沥青混凝土	水泥稳定碎石+石灰土	三级	29.7	20.2	新路验收
5	省道 S312 孤滨线	沥青混凝土	水泥稳定碎石+石灰土	二级公路	21.7	15.7	旧路质量评定
6	济南长清燕博路	沥青混凝土	水泥稳定碎石+水泥稳定碎石	三级公路	18	10.1	新路验收
7	省道 S237 东滨线	沥青混凝土	二灰碎石+石灰土	二级公路	23	23.7	旧路质量评定

半刚性基层整体呈现整体性强、刚度大、弯沉值小的特点。然而，我国半刚性基层沥青路面在使用多年后，甚至在出现了各种病害的情况下，代表弯沉值也接近设计弯沉值，仅有少部分出现不满足设计弯沉值的情况。对这些地点进行取样，发现凡是弯沉值较大、不满足要求的都是半刚性基层破损导致的。在弯沉值满足要求的情况下，沥青路面仍会出现各种病害现象，如车辙、裂缝、坑槽等。因此，我国沥青路面设计指标除了考虑弯沉指标之外，还应考虑更多设计指标。此外，弯沉的测定都是采用标准轴载进行的，对超载和动荷载对路面的破坏效果无法衡量。

1.1.4 超载现象

高速公路的建设为车辆快速、高效、安全和舒适地运行提供了良好的条件。同时，高速公路的快速建设还促进了汽车工业的迅猛发展。为满足日益增长的货运市场需求，车辆的超载超速现象也越来越普遍，特别是在我国及其他一些发展中国家，许多地区运输车辆的轴重已远远大于国家的相关规定。

交通部令 2000 年第 2 号明文规定超限认定标准见表 1-3。

超载超限认定标准 表1-3

轴 型	每侧单轮(kN)	一单轮一双轮(kN)	每侧双轮(kN)
单轴	60		100
双联轴	100	140	180
三联轴	120		220
总质量	单车、半挂列车、全挂列车车货总质量400kN以上;集装箱半挂列车车货总质量460kN以上		

邵伟[4]对连霍高速公路民权收费站、国道滕庄收费站、国道刘口收费站以及京珠高速公路新乡收费站4个典型路段进行了交通量调查和轴载谱分析,目的是考察高等级公路上的轴载分布情况和超载情况。见表1-4~表1-7。

连霍高速公路民权收费站车辆超载 表1-4

序号	载质量(kN)	总车辆数(辆)	超载车辆		分布频率(%)
			频数(次)	实际载质量(kN)	
1	40	210	175	60~120	83.33
2	50	165	140	60~120	84.85
3	60	110	75	80~100	68.18
4	80	175	120	100~160	68.57
5	100	165	115	150~180	69.70
6	150	240	195	180~270	81.25
7	200	340	255	260~490	75.00
8	250	640	585	300~580	91.41
9	300	875	815	420~700	93.14
10	400	65	60	500~780	92.31
合计		2985	2535		84.92

国道310线腾庄收费站车辆超载状况 表1-5

序号	载质量(kN)	总车辆数(辆)	超载车辆		分布频率(%)
			频数(次)	实际载质量(kN)	
1	40	108	66	60~80	61.11
2	50	144	96	60~100	66.67
3	60	144	126	80~100	87.50
4	80	144	102	100~160	70.83
5	100	150	132	150~180	88.00

续上表

序号	载质量 (kN)	总车辆数 (辆)	超载车辆		分布频率 (%)
			频数(次)	实际载质量(kN)	
6	150	318	222	180～270	69.81
7	200	198	144	200～300	72.73
8	250	324	246	240～400	75.93
9	300	228	174	240～370	76.32
10	400	72	36	320～400	50.00
合计		1830	1344		73.44

国道105线刘口收费站车辆超载状况 表1-6

序号	载质量 (kN)	总车辆数 (辆)	超载车辆		分布频率 (%)
			频数(次)	实际载质量(kN)	
1	40	195	140	60～80	71.79
2	50	180	110	60～100	61.11
3	60	150	95	80～100	63.33
4	80	295	165	100～160	55.93
5	100	315	250	150～180	79.37
6	150	345	295	180～270	85.51
7	200	350	330	200～300	94.29
8	250	475	415	240～400	87.37
9	300	440	345	240～370	78.41
10	400	255	185	320～400	72.55
合计		3000	2330		77.67

京珠高速公路新乡收费站车辆超载情况 表1-7

序号	载质量 (kN)	总车辆数 (辆)	超载车辆		分布频率 (%)
			频数(次)	实际载质量(kN)	
1	40	1060	804	60～80	79.1
2	50	1523	1308	60～100	85.9
3	60	846	613	80～100	72.5
4	80	3239	2770	100～160	85.5
5	100	762	655	150～180	86.0
6	150	149	110	250～300	73.8

续上表

序号	载质量(kN)	总车辆数(辆)	超载车辆		分布频率(%)
			频数(次)	实际载质量(kN)	
7	200	32	31	350~450	96.9
8	250	66	44	380~550	66.7
9	300	50	3	400~800	82.0
10	400	4	6379	500~1000	75.0
合计		7687			83.0

从以上4条道路可以看出我国道路车辆超载的严重程度,这对路面是一个极大的考验。目前沥青路面设计过程中仍然采用车辆的额定荷载,对超载引起路面破坏效应明显考虑不足。

1.2 车辆动荷载

超载引起路面的破坏已经引起专家学者足够的重视,而且进行了大量的研究,然而对动荷载及其破坏效应却研究不足。从高速公路的功能来讲,车辆以一定速度行驶是必然事件,静止则是偶然事件。实际动行中的车辆都是重载高速车辆,其施加于路面的是动态荷载,是一种幅值大小和作用空间都随机变化的动力荷载。由于动态荷载的存在,使得静力荷载模式与车辆行驶过程中对路面的实际作用力之间的差异较大,对于现有的设计理论和设计方法是无法从根本上加以解决的。若不能阐明这些实际上是由动力效应产生的破坏的机理,将会给路面结构的设计、施工、养护和改建带来很大的影响。路面结构的损伤和破坏与超载超限重型车辆产生的动态荷载密切相关,这种动态荷载是随机由路面不平度激励产生的,其特性与车辆本身结构形式、载质量、车速等因素有关,但由于随机荷载在建模及数值计算方面非常复杂,大部分学者从不同的角度的出发,对其进行了各种各样的简化,这使得对动载作用下路基路面动态响应的研究很不成熟,理论研究远远落后于实际工程要求。工程设计人员在设计时对动荷载的变化把握不准,要么偏于保守,造成投资浪费,要么有所欠缺,使路面结构在短时间内发生破坏。研究动荷载对路面的破坏效应,将会有助于找出我国沥青路面过早疲劳破坏的真正原因。正如邓学钧教授所指出的:"如能对运动车辆随机荷载及其激励下的路面动力响应理论进行系统的、深入的研究,而取得重大突破,不仅能使我国在该领域的研究居于世界领先水平,而且对于路面结构整个设计方法和体系的根本性变革在理论上具有重大的科学意义,对今后工程实际也会有十分重要的应用价值。"

1.3 动荷载国内外研究现状

1.3.1 车辆动荷载特征研究

目前国内外学者对车辆动荷载的研究还是以理论研究为主,围绕车辆分析动荷载的大小及特征开展。在国内钟阳、王哲人和张肖宁(1992)把汽车分别简化为二自由度模型,初步分析了车辆载荷与行车速度的关系[5],开创了路面动荷载理论研究的先河。之后,东南大学在这一方面做出了突出贡献:黄晓明(1993)从理论上分析了路面平整度与路面所受动荷载间的关系,然后通过实例计算分析了轮胎刚度、汽车速度及路面平整度对冲击系数的影响[6];孙璐和邓学钧(1996)以研究简报的形式将车辆简化为具有双自由度的四分之一车辆模型,初步介绍了路面功率谱密度和动荷载之间的关系,并提出路面平整度的反算方法[7];邓学钧(2002)再次发文,将车辆与地面结构视为综合体系,用数学模型描述车辆与地面结构接触面的平整度,建立路面不平度随机场,研究了在随机振动激励下发生的车辆对地面结构的各种运动荷载[8]。此后我国更多的学者也开始动荷载特征的理论研究:张洪亮(2005,2010)、宋一帆(2007)、姚时音(2008)、郑仲浪(2009)建立了更多自由度的车辆—地面模型研究车辆—地面动力学[9-13]。国外进行车辆动荷载研究的起步更早一些,Dodds 和 Robson(1973)[14]将路面不平度视为行车偏离实际平坦路面的二维随机函数,开始用功率谱密度函数方式描述路面的不平度,并计算了动荷载大小。Todd(1987)[15]研究了 1/4 货车模型,1/2 货车模型和 1/2 拖挂车模型,并在计算机上模拟了行驶质量和路面荷载应力。Hunt (1991) [16,17]在其研究中将道路交通引起的地面振动看作一种随机过程,提出了计算地面振动功率谱的理论模型,能较好地预测那些由随机地面不平度引起的车辆振动。随着研究的深入,动荷载的研究开始考虑路面局部缺陷时引起车辆振动的情况,Watts(1984 ~ 2000)[18,19]通过大量的长期的试验观测,分析了路面上存在坑洞、裂缝等缺陷时的车辆振动规律。这些研究成果为车路协同作用下的车辆动荷载特征提供了理论基础,但目前的研究还是停留在理论阶段。在交通运输部应用基础研究项目"大型 MTS 模拟车辆动荷载激励下沥青路面动力响应及破坏机理研究"和"基于双轴加速加载试验的沥青路面疲劳损坏演变规律研究"中作者将结合重载车辆和路面实际情况进行动荷载数据采集,进一步分析车辆动荷载特征。

1.3.2 动荷载对路面破坏机理研究

国内外关于车辆动荷载特征的研究并未涉及动荷载对沥青路面的疲劳破坏机理。本人[20](2011)通过建立二自由度车辆模型,计算出动荷载系数功率谱密度,从而求得动荷载的大小及分布概率。依据沥青路面设计规范的轴载换算方法,从理论上推导出了考虑动荷载后的当量轴次增长幅度。然而动荷载对路面的疲劳破坏受到多种因素的影响,存在动荷载效应问题,需要进行大量的试验研究。国内有部分学者进行了动荷载作用下沥青路面结构响应的试验研究,王晅[21]在常张高速公路的现场试验表明,满载车辆当速度从60km/h增加到100km/h时,后轮轮下应变峰值减小约42.0微应变;董忠红[22]在西宝高速公路的试验路段的研究表明,在14t后桥轴重车辆荷载作用下,速度为50km/h时产生的拉应变相当于5km/h时的44%。车速的增大却减弱了沥青路面层底的拉应力,这无法解释沥青路面在动荷载作用下的疲劳破坏,因此需要通过试验研究动荷载对沥青路面疲劳破坏的机理。

1.3.3 沥青路面疲劳破坏研究

沥青路面疲劳破坏机理的试验研究方法,可分为室内试验和加速加载试验两大类。沥青混合料室内小型疲劳试验的方法较多,主要有弯曲疲劳试验、直接拉伸疲劳试验、间接拉伸疲劳试验等。其中弯曲疲劳试验应用较广,试件也多以矩形小梁试件为主[23-25]。室内试件的试验方法,主要研究沥青混合料试件的疲劳特性,脱离了路面实际受力状态和环境的影响,所以试验结果和实际情况相差较大,因而能更加真实模拟路面实际受力状态的加速加载试验就应运而生。加速加载试验在国外起步较早,很多学者从多方面采用加速加载试验对沥青路面疲劳破坏进行了研究,其中取得成果最多的当属SHRP(Strategic Highway Research Program)计划(1987~1993)。美国在为推广SHRP计划研究成果,制订热拌沥青路面性能规范和试验性能预测模型收集资料时进行了长达2年的环道试验,试验期间主要对破坏裂缝、弯沉、表面摩擦系数等指标进行了测量和采集。

由于加速加载设备数量的限制,国内仅有个别学者采用加速加载设备对沥青路面的疲劳性能进行研究,由于加速加载设备耗资巨大,加载周期长,在推广应用中受到了一定的限制[26]。

大型多功能MTS试验机,可模拟车辆运动荷载并且可以将荷载直接施加在室内修筑的等厚度路基路面模型上,实现路面结构的快速疲劳破坏试验。这种试验方法具有加载速度快、试验费用低、周期短的特点。由于国内大型MTS设备数量很少,多数用来进行结构工程的疲劳破坏试验研究,用来进行路面结构疲劳破坏试验国内还未开展。利用大型 MTS 进行路面结构疲劳破坏试验是高效、经济、合理的试验方法。

本章参考文献

[1] 庄传仪. 基于加速加载响应的柔性基层沥青路面设计指标与参数研究[D]. 西安:长安大学,2012.

[2] 张岩. 长平高速沥青路面病害成因分析及 AC－16C 用于上面层修补的应用研究[D]. 长春:吉林大学,2008.

[3] 姬猛. 福泉高速公路沥青路面病害成因分析与治理技术研究[D]. 西安:长安大学,2013.

[4] 邵伟. 高等级公路车辆轴载谱分析及超载防治对策研究[D]. 西安:长安大学,2010.

[5] 钟阳,王哲人,张肖宁. 不平整路面上行驶的车辆对路面随机动压力的分析[J]. 中国公路学报,1992,5(2):41-43.

[6] 黄晓明. 路面动荷载与路面平整度关系的随机分析[J]. 东南大学学报,1993,23(1):56-61.

[7] 孙璐,邓学钧. 车辆—路面相互作用产生的动力荷载[J]. 东南大学学报,1996,26(5):142-145.

[8] 邓学钧. 车辆地面结构系统动力学研究[J]. 东南大学学报(自然科学版),2002,32(3):474-479.

[9] 姚时音,孙仁云. 基于七自由度车辆模型的稳定性仿真研究[J]. 西华大学学报(自然科学版),2008,27(2):58-61.

[10] 张洪亮,胡长顺. 基于五自由度车辆模型的桥头搭板容许纵坡变化值研究[J]. 土木工程学报,2005,38(6):125-130.

[11] 宋一凡,陈榕峰. 基于路面不平整度的车辆振动响应分析方法[J]. 交通运输工程学报,2007,7(4):39-43.

[12] 郑仲浪,吕彭民. 多轴大货车对路面的动作用力研究[J]. 郑州大学学报(工学版),2009,30(4):44-47.

[13] 张洪亮,杨万桥. 基于人—车—路五自由度振动模型的路面平整度评价方法[J]. 交通运输工程学报,2010,10(4):16-22.

[14] Dodds C. J. ,Robson J. D. The description of road surfaceroughness [J]. Journal of Sound and Vibration,1973,31(2):175-183.

[15] Todd K. B. ,Kulakowski B. T. Simple computer models for predicting ride quality and pavement loading for heavy trucks[J]. Transportation Research Record, 1987:137-150.

[16] Hunt H E. Modeling of road vehicles for calculation of traffic-induced ground vibration as a random process[J]. Journal of Sound and Vibration,1991,44(1): 41-51.

[17] Hunt H E. Stochastic modeling of traffic-induced ground vibration[J]. Journal of Sound and Vibration,1991,144(1):53-70.

[18] Watts,G. R. The generation and propagation of vibration in various soils produced by dynamic loading of road pavement[J]. Journal of Sound and Vibration,1992, 156(2):191-206.

[19] Watts,G. R. and Krylov V. V. Ground-borne vibration generated by vehicles crossing road humps and speed control cushions[J]. Applied Acoustics,2000,59(3): 221-236.

[20] 胡朋,潘晓东. 考虑动荷载影响的当量轴载换算理论分析[J]. 哈尔滨工业大学学报,2011,43(6):91-95.

[21] 王晅. 随机荷载作用下柔性路面结构及路基动力响应研究[D]. 长沙:中南大学,2006.

[22] 董忠红,郑仲浪,吕彭民. 车辆速度对沥青路面动力响应影响试验研究[J]. 郑州大学学报(工学版),2008,9(2):123-126.

第2章　路面不平度引起车辆动荷载的研究

路面不平度的随机激励将会加剧行驶车辆的振动，影响汽车平顺性、动力性、经济性和行驶安全性，形成动荷载，加剧路面的破坏。路面不平度的深入研究是开展汽车—道路相互作用这个新研究领域必不可少的一环，也是路—车—人相互作用研究以及汽车地面力学研究的基本内容。近年来平整度对行车安全的影响也引起了人们的关注。首先，振动易引起驾驶人疲劳驾驶，导致事故发生；其次，会导致不同程度的操纵不稳定性，越是高速行驶，这种操纵不稳定性的危险性就越大；再次，路面不平易雨后积水，使路面附着系数急剧下降，从而易出现交通安全事故；最后，路面不平导致车轮的附着性能变差，危及交通安全。

2.1　路面平整度的定义及测评方法

2.1.1　路面平整度的定义

路面平整度是评定路面质量的主要技术指标之一，它主要反映的是路面纵断面剖面曲线的平整性。由于平整度问题本身的复杂性，国内外对平整度的定义也有多种。

从中文形式出发，不同行业的称谓不同，平整度也被称为不平度（车辆工程）、平度及不平整度。美国试验与材料协会（ASTM）的定义（E867）[1]为：路面平整度（Traveled Surface Roughness）是路面表面相对于理想平面的竖向偏差，而这种偏差会影响到车辆动力特性、行驶质量、路面所受动荷载及排水。交通行业标准《公路工程名词术语》（JTJ 002—1987）将路面平整度“Surface Evenness”定义[2]为：路表面纵向的凹凸量的偏差值；《公路工程质量检验评定标准　第一册　土建工程》（JTG F80/1—2004）[3]的定义为路面表面对于理想平面的偏离。综合分析目前各类平整度的定义可知，ASTM 定义的合理性在于：它明确了路面平整度测量的参照系，利于测定，将人、车、路三方面因素进行了综合考虑，并清楚地论述其所导致的影响，可以实现人车路系统的优化，进而为制订合理的路面平整度评价标准提供理论基础，所以得到了广泛认可。

鉴于路面平整度的复杂性，以及 ASTM 的定义实现了人—车—路系统的优化，所以大部分文献还是使用 ASTM 中的定义。

2.1.2　公路工程对路面平整度的评价指标

用来评价路段平整度的参数称为路面平整度的评价指标。评价指标应能灵敏而真实地反映所测路段的相应断面信息，且能通过一定的方法计算得到。随着我国公路路网的建设，对公路的质量标准提出了越来越高的要求。《公路工程质量检验评定标准　第一册　土建工程》（JTG F80/1—2004）[3]规定了 3 个平整度评价指标：最大间隙 h、平整度标准差 σ 以及国际平整度指数 IRI。

1）直尺测定最大间隙 h[4-7]

将 3m 直尺直接置于测量路段得到路面与直尺间的最大间隙量作为平整度指标，直尺长度在不同国家与地区有所不同，大部分是 3m 直尺。当采用 3m 直尺测定路面平整度时，常采用最大间隙作为测定指标。

2）平整度标准差 σ[8-10]

当采用连续式平整度仪检测时，一般采用路面平整度标准差 σ 来表征路面平整度。这个指标也是目前我国路面施工、验收与评价中最常用的指标。为了客观准确高效地评定路面平整度，国内进行了相关研究，建立了国际平整度指标 IRI 与平整度标准差之间的关系，并进一步引入到规范中来。

3）国际平整度指数 IRI[11-15]

1982 年世界银行在巴西进行的国际平整度试验中完整而系统地提出了 IRI 的计算模型与计算方法。IRI 由一条单向纵断面计算得到，采用 1/4 车模型（由固定的弹簧体质量与非弹簧体质量以及弹簧和阻尼组成），以 80km/h 速度在已知断面上行驶，计算一定行驶距离内悬挂系统的累积位移作为 IRI。

IRI 是综合了断面类与动态类平整度测定方法的优点而得到的一个评价指标，对静态断面高程数据，经过数学模型计算后得到的动态变量。IRI 具有以下特点：IRI 与车辆振动的动态反应相关，通过 1/4 车模型建立了与车辆性能的相关性；IRI 直接与路段断面高程相关，保证结果具有时间稳定性；IRI 可以通过广泛使用的仪器测量得到，结果具有有效性；IRI 可以在世界范围内进行转换（有标准计算程序），具有可转移性。由于以上特点，IRI 已成为目前国际上广泛运用的平整度指标。除了上述的主要平整度评价指标外，国内外还有其他评价路面平整度的指标，如断面指数 PI、平均评分等级 MPR、行驶质量数 RN 等。目前，有多位专家学者对平整度标准差和国际平整度指数之间的关系进行了相关研究[16-18]。

2.1.3 功率谱密度

PSD(Power Spectral Density)是车辆工程研究机构普遍使用的指标,它表示变量(如路面高程)在不同空间频率下的方差。各国学者曾提出了不同形式的功率谱密度表达式模型。C. J. Dodds 等人首次利用路形计对英国的道路路面平整度进行了大量的实测,通过对试验数据的分析与处理,认为路面平整度可视为各态历经的平稳随机过程,所以可用自功率谱密度来描述,并用自谱密度对路面平整度的好坏加以分类。Dodds 和 Robson[19]通过研究不同道路的波谱分布推荐使用功率谱密度对道路状况进行分类。国际标准化组织(ISO)在 20 世纪 70 年代初参照英国汽车工业协会推荐的以功率谱进行道路不平度分级的方法,综合大量研究工作和文献,制订了国际标准 ISO SC2/WG4,将不平度分为 5 级。1984 年,该组织又在文件 ISO/TC 108/SC2N67 中提出了《路面不平度表示方法草案》,将不平度分为 8 级。我国汽车工程研究人员在总结国际研究成果的基础上,结合国内研究,由长春汽车研究所起草,国家标准局制订了我国标准《车辆振动输入　路面平度表示方法》(GB 7031—1986)[现已更新为《机械振动道路路面谱测量数据报告》(GB/T 7031—2005)],参照国际标准将不平度也分为 8 级[20-25]。

2.1.4 路面平整度测定方法与测定仪器

平整度的评价区分为断面类和反应类[26]。断面类实际上是测定路面表面凸凹情况的,如最常用的 3m 直尺和连续式平整度仪,还可用精确测定高程得到。反应类是测定路面凸凹引起车辆振动的颠簸情况,反应类指标是驾驶人和乘客直接感受到的平整度指标,因此它实际上是舒适性指标,最常用的测试设备是车载式颠簸累积仪,现已有更新型的自动化测试设备,如纵断面分析仪、路面平整度数据采集系统测定车等。下面简要介绍各类主要路面平整度的测定方法与测定仪器。

1)断面类

20 世纪 70 年代,我国公路施工与检测部门检测路面平整度用木制 3m 直尺,在 80 年代初广泛采用铝合金 3m 折叠尺,它具有携带方便、精度高、坚固耐用等特点,但 3m 直尺是一个平尺,只能检验路平整状态,其平整度的数值,还需使用盒尺或塞尺、钢板尺等测量尺测量间隙,检测人员测量过程中比较辛苦,且测量的数值精确度差[4]。带游标测量尺的 3m 直尺是集检验与测量为一体的测量仪器,比用 3m 直尺检验路面平整度测量路面间隙的检测办法速度快,读数更直观、精确[5]。数显 3m 直尺式平整度仪[6,7]是以 3m 直尺导轨为基准,由操作人员推动推杆,操作小车在3m直尺导轨上移动,使传感器测头在路面上滚动,通过高精度位移传感器采集路面凸凹不平信号。数显3m直尺式平整度仪的综合精度可以控制在0.4mm之内。

采用水准仪和水准尺沿轮迹测量路面表面高程,由此可得到很精确的路表纵断面,这种方法结果稳定且准确。这种方法要求测点位置需要布置的密集测量速度比较慢。

西安公路研究所研制的XLPY-E和XLPY-F型连续式路面平整度仪[27]是在对英国的颠簸累积仪、日本的八轮路面平整度仪、法国的APL-723纵断面分析仪进行全面分析与研究的基础上,结合中国国情进行重新研究与设计的[28]。

连续式路面平整度仪曾经是国内最新最先进的现代化路面测量仪器,具有连续测量、自动运算、显示并打印路面平整度均方差的功能。因此该仪器和现行的3m直尺测量及其他同类测量仪器比较,具有测量精度高,提高了工作效率和经济效益,但目前来讲有被激光断面仪取代的趋势。国外连续式平整度仪有4轮、8轮、16轮式等多种类。我国公路路基路面现场测试规程规定的标准仪器,仅仅限于3m 8轮平整度仪,因此又有很多人把我们在用的连续式平整度仪称为八轮仪。

激光平整度仪能够测量路面纵断面、输出国际平整度指数[29],其标准测试速度为80km/h(测试时的最小速度不得小于40km/h)。激光断面仪测量平整度的基本原理是:通过横向分布的若干个(国内通常为5~9个)激光传感器发射的激光束反射回读数器来测试路面,这个距离信号同车上装的加速度计信号进行互差,消除测试车自身的颠簸,输出距离路面的高度。它测试速度快,精度高,还可以同时进行纵断面、横坡、车辙等测量,克服了八轮仪速度慢和受路面杂物干扰的缺点。

2)反应类

反应类平整度测定系统是在主车或者拖车上安装传感器和显示器,可以传感和累积车辆以一定速度经过不平整路面时悬挂系统的竖向位移量,显示器计下的测定值通常是一个计数数值,每一个计数相当于悬挂系统位移量。

车载式颠簸累积仪[30]是通过测量该仪器的装载车在被测路面通过时,车后轴与车厢的单向位移累积值(cm/km)来表征路面的平整度状况。在测试车的底板上安装位移传感器,用钢丝绳与后桥相连,另一端与传感器的定量位移轮连接,当车辆测试行驶时,由于路表的凹凸不平使后桥与车厢间产生上下相对位移,钢丝绳带动定量位移轮转动输出脉冲信号,此信号经计算机数据采集、处理、判别、换算成位移量,并记录下来。但它存在着三项缺点:一是时间稳定性差;二是转换性差,不同部门测定的结果难以进行对比;三是不能给出路面纵断面。

2.2 随机振动与车辆振动模型

2.2.1 随机振动相关的定义

1)随机过程

随机过程(Stochastic Process)是一连串随机事件动态关系的定量描述。随机现象在一定条件下进行试验或观察会出现不同的结果(也就是说,多于一种可能的试验结果),而且在每次试验之前都无法预言会出现哪一个结果(不能肯定试验会出现哪一个结果),这种现象称为随机现象。在数学中,平稳随机过程(Stationary Random Process)又称狭义平稳过程,是在固定时间和位置的概率分布与所有时间和位置的概率分布相同的随机过程,即随机过程的统计特性不随事件的推移而变化。这样,数学期望和方差这些参数也不随时间和位置变化。

如对某一随机过程 $X(t)$,在任一时刻 t_1 采样,随机过程的各个样本值都不相同,构成了一个随机变量 $X(t_1)$,则随机过程 $X(t)$ 在 t_1 瞬时的集合平均值成为均值,也成为数学期望,定义为:

$$\mu_x(t_1)=E[X(t_1)]=\lim_{n\to\infty}\frac{1}{n}\sum_{k=1}^{N}x_k(t_1) \tag{2-1}$$

2)相关函数

$\mu_x(t_1)$一般与时刻 t_1 有关。$X(t)$在 t_1 时刻和 $t_1+\tau$ 时刻构成两个随机变量 $X(t_1)$ 和 $X(t_1+\tau)$,对各样本 $x_k(t1)$和 $x_k(t_1+\tau)$的乘积取集合平均值,得到:

$$R_x(t_1,t_1+\tau)=E[X(t)X(t_1+\tau)]=\lim_{n\to\infty}\frac{1}{n}\sum_{k=1}^{N}x_k(t_1)x_k(t_+\tau) \tag{2-2}$$

$R_x(t_1,+\tau)$称作随机过程 $X(t)$在 t_1 时刻和 $t_1+\tau$ 时刻的自相关函数,它既是时间差 τ 的函数,也与时刻 t_1 相关。

如果随机过程的均值和自相关函数与采样时刻 t_1 无关,则称随机过程为平稳过程。对于平稳过程,均值为常数,$\mu_x(t_1)=\mu_x$。而自相关函数仅依赖时间差 τ:

$$R_x(t_1,t_1+\tau)=R_x(t) \tag{2-3}$$

2.2.2 路面不平度功率谱密度

道路纵剖面不平度序列是一种随机现象。大量研究表明,它在数学上属于各态历经的平稳随机过程,或者说可以处理为各态历经的平稳随机过程。对于随机过程而言,功率谱密度是从频率角度描述随机过程的统计规律的主要特征。

对于时间函数 $x(t)$，$-\infty < t < +\infty$，如果 $x(t)$ 满足 Dirichlet 条件，且绝对可积，则 $x(t)$ 的 Fourier 变换及其逆变换存在：

$$F_x(\omega) = \int_{-\infty}^{+\infty} x(t)e^{j\omega t}\mathrm{d}t \tag{2-4}$$

$$x(t) = \frac{1}{2\pi}\int_{-\infty}^{+\infty} F_x(\omega)e^{j\omega t}\mathrm{d}\omega \tag{2-5}$$

式中：ω——时间角频率(rad/s)，$\omega = 2\pi f$；

f——时间频率(Hz)。

信号 $x(t)$ 和频谱 $F_x(w)$ 间有 Parseval 等式成立，即：

$$\int_{-\infty}^{+\infty} x^2(t)\mathrm{d}t = \frac{1}{2\pi}\int_{-\infty}^{+\infty} |F_x(\omega)|^2\mathrm{d}\omega \tag{2-6}$$

等式左边表示信号 $x(t)$ 在($-\infty < t < +\infty$)上的总能量，而右边的被积函数 $|F_x(\omega)|^2$ 相应称为信号 $x(t)$ 的能谱密度。尽管上式中 t 是无限的，即 $x(t)$ 总能量是无限的，但其平均功率是有限的，即随机过程样本函数的平均功率的频谱是存在的[23,25]。对于 $-T < t < +T$，$T \to +\infty$，信号 $x(t)$ 的平均功率为：

$$\lim_{T\to+\infty}\frac{1}{2T}\int_{-T}^{+T} x^2(t)\mathrm{d}t = \frac{1}{2\pi}\int_{-\infty}^{+\infty}\lim_{T\to+\infty}\frac{1}{2T}|F_x(\omega)|^2\mathrm{d}\omega \tag{2-7}$$

则称 $S_x(\omega) = \lim\limits_{T\to+\infty}\frac{1}{2T}|F_x(\omega)|^2$ 为信号 $x(t)$ 的平均功率谱密度函数，称为平稳随机过程的功率谱密度，也称为自功率谱密度。

根据文献[25]，路面不平度功率谱密度可用式(2-8) 作为拟合表达式：

$$G_x(n) = G_x(n_0)\left[\frac{n}{n_0}\right]^{-w} \tag{2-8}$$

式中：n——空间频率，它是波长 λ 的倒数，表示每米长度内包含波的个数；

n_0——参考空间频率，取 $0.1\mathrm{m}^{-1}$；

$G_x(n_0)$——参考空间频率 n_0 下的路面功率谱密度值，其大小取决于路面等级，见表 2-1；

w——频率指数，为双对数坐标上斜线的斜率，它决定路面功率谱密度的频率结构，在路面分级时取 $w=2$。

2.2.3　功率谱密度的时间频率表达方式[31]

对车辆振动系统的输入除了路面不平度因素外，还要考虑车速因素。因而需要根据车速 v，将空间频率功率谱密度 $G_x(n)$ 换算为时间频率功率谱密度 $G_x(f)$。

当车辆以一定的车速 v(m/s)驶过空间频率 n(m^{-1})的路面不平度时，时间频率f(s^{-1})是v与n的乘积$f=v\cdot n$,则$G_x(f)=\frac{1}{v}G_x(n)$,由此可得路面不平度时间功率谱密度的表达式为:

$$G_x(f)=\frac{1}{v}G_x(n_0)\left(\frac{n}{n_0}\right)^{-2}=G_x(n_0)n_0^{\ 2}\ \frac{v}{f^2} \tag{2-9}$$

路面平整度等级　　表2-1

路面等级	$G_x(n_0)\times10^{-6}m^2/m^{-1},n_0=0.1m^{-1}$		
	下　限	几何平均值	上　限
A	8	16	32
B	32	64	128
C	128	256	512
D	512	1024	2048
E	2048	4096	8192
F	8192	16384	32768
G	32768	65536	131072
H	131072	262144	524288

2.2.4 车辆振动模型

车辆行驶过程中,路面的不平整会激起汽车的振动。当这种振动达到一定的程度时,将使乘客感到不舒适和疲劳。同时,路面激起的车辆动载会缩短汽车行驶的寿命,加剧路面的破坏。为了预先根据路面的具体状况和车辆的运动状况估计车辆的动载荷,研究运动车辆随机荷载及其激励下的路面动力响应是必要的。要研究车辆的动荷载,首先要对车辆振动模型进行分析。

图2-1所示为单轮双自由度车轮模型[32-34],也是最为简单和常用的车辆振动模型。车辆上部结构看作刚性体质量,记为m_2,也即簧载质量,每个轮轴的轮胎质量m_1,k_t为汽车轮胎刚度系数,k为汽车悬架刚度系数;C_t为汽车轮胎阻尼系数,C为汽车悬架阻尼系数。2个自由度分别为m_2和m_1的竖向位移Z_1和Z_2。

由于轮胎的阻尼较小,因而在计算时,很多学者在计算时忽略掉轮胎的阻尼C_t[32,34]。

图2-2为考虑人体质量的3个自由度单轮作用模型[35],m_s为一个人体(即驾驶人)和座椅质量之半;m为簧载质量,即车身部分质量,包括所有车身弹簧悬架的汽车部件,如车架、车身和货厢等。m_t为非簧载质量,即轮胎质量;k_s为座椅刚度之

半；k 为车身悬架刚度；k_t 为轮胎刚度；C_s 为座椅阻尼之半；C 为悬架阻尼；Z_s 为座椅垂直位移；Z 为车身垂直位移；Z_t 为轮轴垂直位移；x 为路面不平度激励。

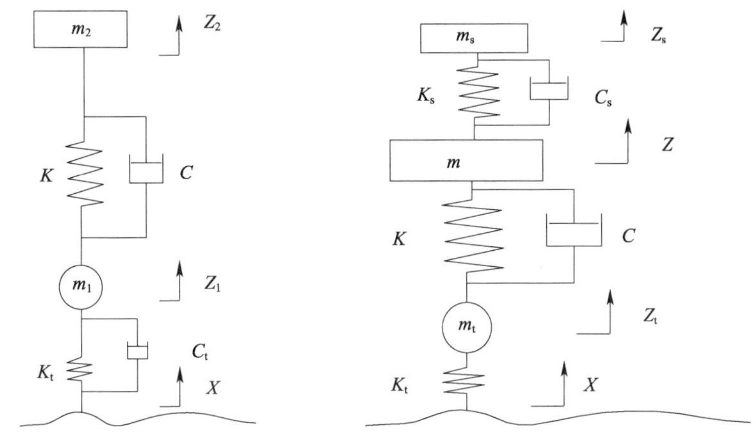

图 2-1　2 个自由度车辆振动模型　　图 2-2　3 个自由度车辆振动模型

简化为 4 个自由度[36]的车辆振动模型如图 2-3 所示。4 个自由度分别是前轮胎、后轮胎、车架质心的位移 y 坐标以及车架绕其质心的转角 α。

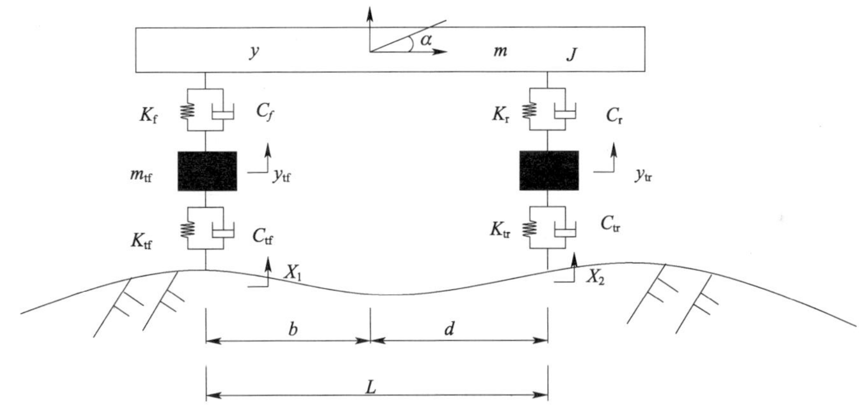

图 2-3　4 个自由度车辆振动模型

以双轴车辆为研究对象，由于左右对称取其一半，考虑车辆纵向的倾覆和转动，将其简化成 5 个自由度体系[37]，各弹簧和阻尼均视作线性的。5 个自由度分别为座椅、前轮胎、后轮胎、车架质心的位移坐标以及车架绕其质心的转角，如图 2-4 所示，各符号意义见表 2-2。

以上是现在比较简单而且较为常用的几种车辆振动模型，还有一些比较复杂、考虑因素更为全面的模型[38]，例如 7 自由度车辆振动模型，4 轴车辆 10 自由度模型,11 自由度非线性汽车振动模型,更为复杂的考虑路面不平度影响的 14 和 18 自由度汽车动力学模型。

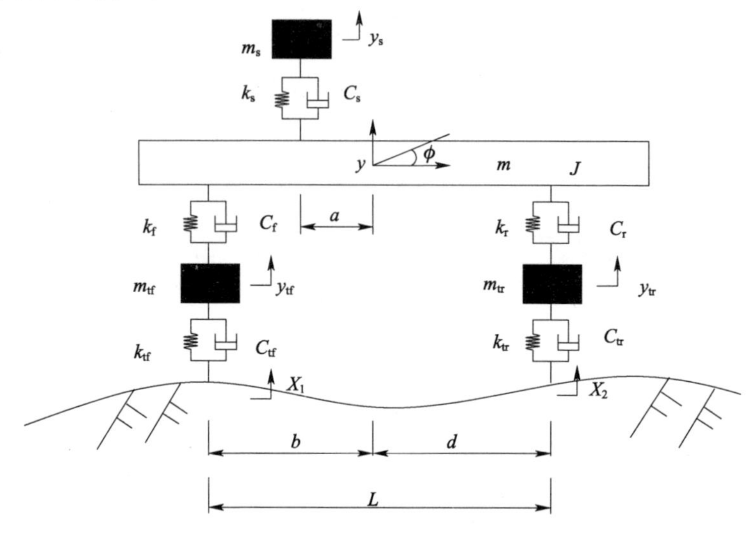

图 2-4　5 个自由度车辆振动模型

五自由度车辆模型参数意义　　表 2-2

符　号	意　　义	符　号	意　　义
k_s	座椅刚度系数	m	车架和装载物质量和
k_{tf}	前轮胎刚度系数	J	车架绕质心的转动惯量
k_{tr}	后轮胎刚度系数	a	座椅中心至车架质心的距离
k_f	前悬挂刚度系数	b	后轮中心至车架质心的距离
k_r	后悬挂刚度系数	d	前轮中心至车架质心的距离
C_s	座椅阻尼系数	L	前后轮中心距离,$L=b+d$
C_{tf}	前轮阻尼度系数	y_s	座椅的位移坐标
C_{tr}	后轮胎阻尼系数	y_{tf}	前轮的位移坐标
C_f	前悬挂阻尼系数	y_{tr}	后轮的位移坐标
C_r	后悬挂阻尼系数	y	悬架的位移坐标
m_s	座椅和驾驶员的质量的一半	x_1	前轮下方路面位移坐标
m_{tf}	前轮胎质量	x_2	后轮下方路面位移坐标
m_{tr}	后轮胎质量	φ	悬架绕其质心的转角

因此,要按照汽车的实际振动情况来研究动荷载问题是一个相当复杂的问题,需要考虑研究者的目的、路面的不平度情况、采用的路面函数以及计算简化而又与

实际情况接近等诸多因素。

2.3　二自由度车辆振动模型及动荷载的计算

2.3.1　二自由度车辆振动模型

车辆动荷载的计算,一般都是将车辆简化为多自由度的振动模型,然后求解。自由度越多,求解越困难,自由度过少会导致结果和实际偏离太远。在此首先采用二自由度振动系统,即 1/4 车辆模型,忽略轮胎的阻尼,如图 2-5 所示。

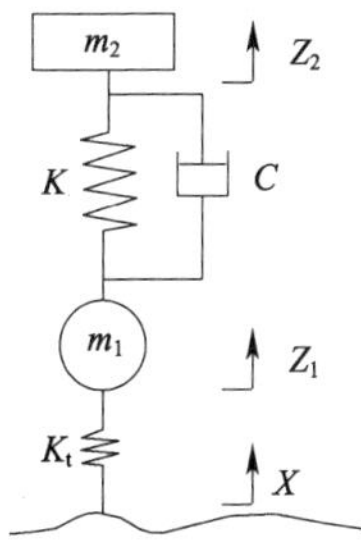

图 2-5　1/4 车辆模型

模型中:m_1 为非簧载质量,即轮胎质量;K 为悬架刚度;K_t 为轮胎刚度;C 为悬架阻尼;Z_2 为簧载垂直位移;Z_1 为非簧载垂直位移;x 为路面不平度激励。在该模型中,忽略了轮胎阻尼。

由牛顿运动定律,可得出图 2-5 所示车辆模型的运动方程:

$$\begin{cases} m_2\ddot{Z}_2 + C(\dot{Z}_2 - \dot{Z}_1) + K(Z_2 - Z_1) = 0 \\ m_1\ddot{Z}_1 + C(\dot{Z}_1 - \dot{Z}_2) + K(Z_1 - Z_2) + K_t(Z_1 - x) = 0 \end{cases} \tag{2-10}$$

2.3.2　动荷载幅频特性求解

随机过程理论指出,对于平稳过程中输入,线性时不变系统的输出也是平稳过程。对于一个线性系统,受到的振幅为 x_0,频率为 ω 的 $x_0e^{j\omega t}$激励,经过一个瞬态滞后,该线性系统的稳态响应输出与输入形式类似,可表示为:

$$Z_1, Z_{10}e^{i(\omega t+\varphi)}, Z_2 = Z_{20}e^{i(\omega t+\varphi)} \tag{2-11}$$

其中,Z_{10}为 m_1 的振幅,Z_{20}为 m_2 的振幅。

1/4 车辆模型中,车轮和车身质量块的速度和加速度可分别写为:

$$\dot{Z}_1 = i\omega Z_1 \ddot{Z} = \omega^2 Z_1 \tag{2-12}$$

$$\dot{Z}_2 = i\omega Z_2\ \ddot{Z}_2 = -\omega^2 Z_2 \tag{2-13}$$

将其代入式(2-14)、式(2-15)中,可得:

$$Z_2(-\omega^2 m_2 + i\omega C + K) = Z_1(i\omega C + K) \tag{2-14}$$

$$Z_1(\omega^2 m_1 + i\omega C + K + K_t) = Z_2(i\omega C + K) + xK_t \tag{2-15}$$

由式(2-16)可得:

$$Z_2 = \frac{i\omega C + K}{-\omega^2 m_2 + K + i\omega C} Z_1 \tag{2-16}$$

将式(2-16)代入式(2-17),即可解得 $Z_1 - x$ 的频响函数:

$$H(\omega) = \frac{Z_1}{x} = \frac{A_2 k_t}{A_3 A_2 - A_1^2} \tag{2-17}$$

其中,$A_1 = i\omega C + K, A_2 = -\omega^2 m_2 + K + i\omega C, A_3 = -\omega^2 m_1 + K + K_t + i\omega C$。

对式(2-17)的分子分母进行复数运算,然后求模,就可得到幅频特性:

$$|H(\omega)| = \left|\frac{Z_1}{x}\right| \tag{2-18}$$

2.3.3 路面随机输入下的动荷载系数均值计算

车轮的响应功率谱密度和激励功率谱密度之间存在如下关系:

$$G_z(f) = |H(\omega)|^2 G_x(f) \tag{2-19}$$

车辆静载为:$G = (m_1 + m_2)g$,车轮动载为:$F_d = K_t(Z_1 - x)$。

在本书中,动荷载系数定义为:车辆轮轴振动产生的竖向荷载和车辆静荷载之间的比值,即为 $\mathrm{DLC} = \frac{F_d}{G}$。

DLC 对路面不平度激励 x 的频响函数为:

$$H(\omega)_{F_d - x} = \frac{F_d}{Gx} = \frac{K_t(Z_1 - x)}{Gx} = \left(\frac{A_2 k_t}{A_3 A_2 - A_1{}^2} - 1\right)\frac{K_t}{(m_1 + m_2)g} \tag{2-20}$$

根据式(2-19)和式(2-20),求得动荷载系数的功率谱密度为:

$$G_{F_d/G}(f) = |H(\omega)_{F_d - x}|^2 G_x(f) \tag{2-21}$$

从统计的意义上来讲,车辆动荷载正负的概率相等,动荷载的均值为零,动荷载系数的平均值也为零,其方差就等于均方值:

$$\sigma_{F_d/G}{}^2 \int_0^\infty \mathrm{G}_{F_d/G}(f)\,\mathrm{d}f = \int_0^\infty |\ H(\omega)F_{d-x}|^2 G_x(f)\,\mathrm{d}f = \mu^2 F_d/G \tag{2-22}$$

将式(2-22)和式(2-21)代入式(2-22),得到:

$$\begin{aligned} \mu^2 F_{d/G} &= \int_0^\infty |\ H(\omega)F_{d-x}|^2 G_x(f)\,\mathrm{d}f \\ &= \int_0^\infty \left|\left(\frac{A_2 k_1}{A_3 A_2 - A_1{}^2} - 1\right)\frac{K_t}{(m_1 + {}_2)g}\right|^2 \times G_x(n_0) n_0{}^2 \frac{v}{f^2}\mathrm{d}f \end{aligned} \tag{2-23}$$

将式(2-23)计算出的结果开方,就得到动荷载系数的均值。

对于上式中的幅频特性表达式比较复杂,难以用解析的方法进行积分,一般采用数值积分的方法。在此,采用 MATLAB 编程求解。

2.3.4　动荷载系数计算实例

假设某种重货车参数：轮胎质量 $m_1=1000\text{kg}$，簧载质量 $m_2=9200\text{kg}$，悬架刚度 $k=500000\text{N/m}$，轮胎刚度 $k_t=5000000\text{N/m}$，悬架阻尼 $c_2=15000\text{Ns/m}$。

1）动荷载系数功率谱密度和激振频率之间的关系

经过程序计算，得到高等级公路在 120km/h 和 80km/h 车速下的动荷载系数功率谱密度和激振频率 f 之间的关系，如图 2-6、图 2-7 所示；低等级公路在 60km/h 和 40km/h 车速下的动荷载系数功率谱密度和激振频率 f 之间的关系，如图 2-8 和图 2-9 所示。

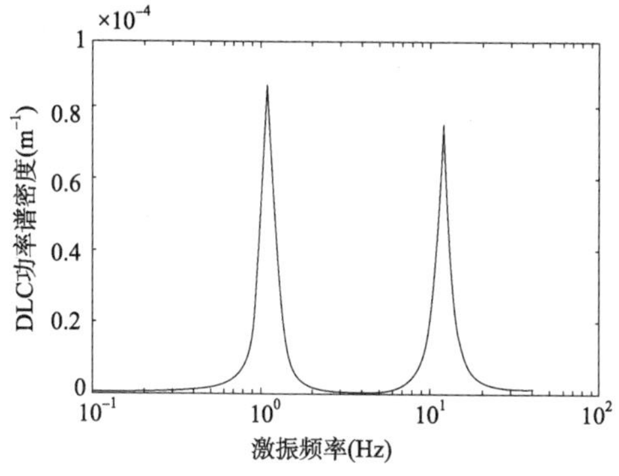

图 2-6　高等级公路动荷载系数 PSD 与 f 之间的关系（$V=120\text{km/h}$）

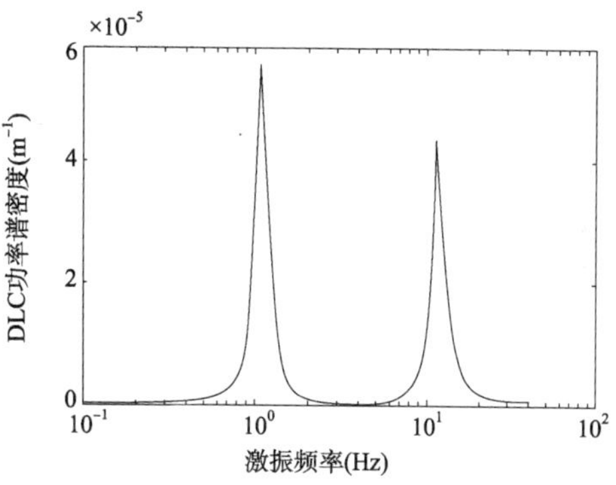

图 2-7　高等级公路动荷载系数 PSD 与 f 之间的关系（$V=80\text{km/h}$）

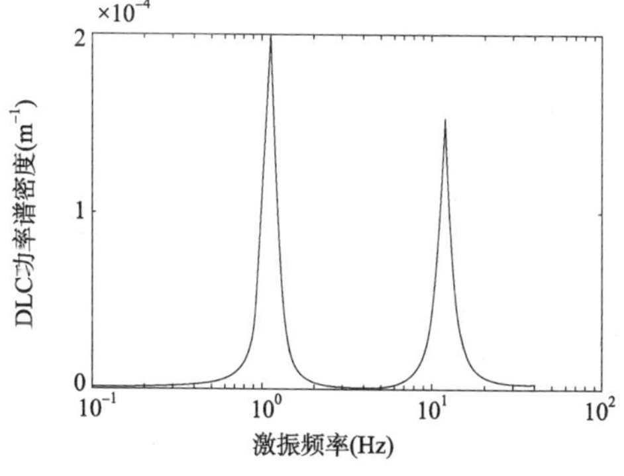

图 2-8　低等级公路动荷载系数 PSD 与 f 之间的关系（$V=60\text{km/h}$）

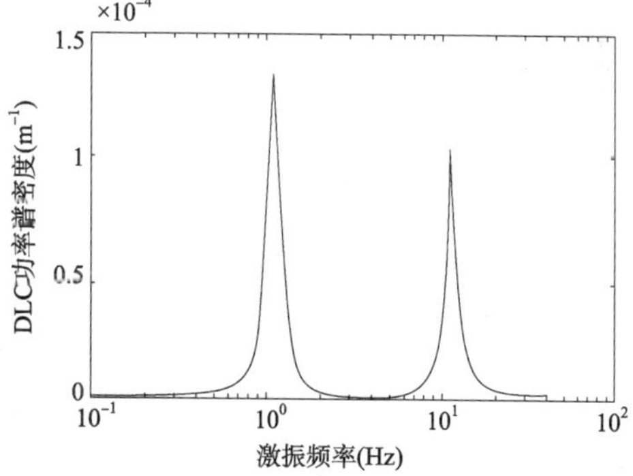

图 2-9　低等级公路动荷载系数 PSD 与 f 之间的关系（$V=40\text{km/h}$）

从以上 4 图可以看出车辆受路面不平度激励，出现了 2 个共振频率，分别在

1Hz 和 10Hz 左右。当车辆以一定的速度驶过,空间频率达到 1Hz 和 10Hz 时,车辆共振,动荷载系数最大。

2)动荷载系数和车速之间的关系

利用式(2-23)对不同情况的动荷载系数进行计算并开方得到计算结果如表 2-3 所示,将表中的数据整理分析动荷载系数和车辆速度之间的关系曲线,得到如图 2-10 所示的结果。

不同公路等级的动荷载系数　　表 2-3

高等级公路		低等级公路	
车辆速度(km/h)	动荷载系数	车辆速度(km/h)	动荷载系数
120	0.0522	80	0.129
100	0.0467	60	0.1122
80	0.0426	40	0.0648
60	0.0369	20	0.0458

从图 2-10 中可以看出,动荷载系数均值随着车速的提高而增大,高等级公路增长趋势比较缓慢,低等级公路增长速度较快。低等级公路的动荷载远高于高等级公路的动荷载系数,这说明路面平整度对动荷载大小影响较大。

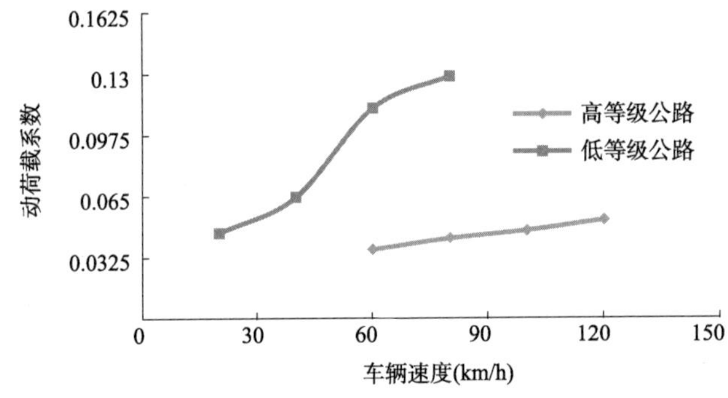

图 2-10　车辆速度和动荷载系数之间的关系曲线

2.3.5　动荷载系数和装载货物质量之间的关系

m_2 为簧载质量,表示车辆悬架、车厢和装载货物的质量之和,因而 m_2 的大小和装载货物直接相关。为了研究动荷载系数和装载质量 m_2 之间的关系,分别取 12000kg、8000kg 和 4000kg,分别计算高等级公路在 100km/h 条件下和低等级公路在 60km/h 条件下的动荷载系数,计算结果如表 2-4 所示。

动荷载计算 表2-4

公路等级	车辆速度(km/h)	m_2 = 12000kg 动荷载系数	动荷载均值(kN)	m_2 = 8000kg 动荷载系数	动荷载均值(kN)	m_2 = 4000kg 动荷载系数	动荷载均值(kN)
高等级公路	100	0.0372	4.464	0.0526	4.208	0.0921	3.684
低等级公路	60	0.0801	9.612	0.1131	9.048	0.1981	7.924

注:本表中的动荷载系数为动荷载系数均值。

从表2-4可以看出,随着装载货物质量的减少,动荷载系数大幅增加。由于货物质量减轻,从表中可以看出,产生的动荷载有一定的下降,但降低较少。

2.4 五自由度车辆振动模型及动荷载的计算

二自由度仿真模型是将车辆看作一个整体,无法反映车辆前后轮轴相互影响的作用,为此采用五自由度车辆模型进行求解,分析动荷载系数大小。

2.4.1 五自由度车辆振动模型

对于双轴汽车,由于左右对称,故取其一半,并考虑车辆纵向的倾覆和转动,将车辆简化为如图2-11所示的5个自由度车辆振动模型,并假定弹簧刚度系数和阻尼系数均为线性系数。图中各参数的意义如表2-2所示。

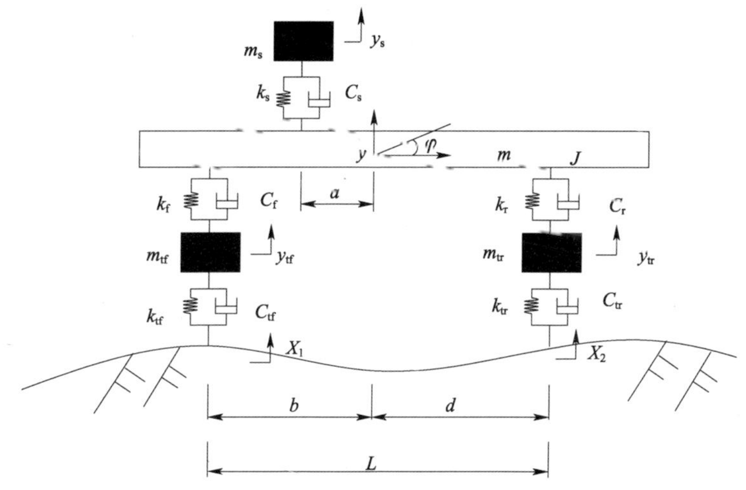

图2-11 5个自由度车辆振动模型

该车辆模型悬架在 k_s 和 C_s 处 m 的位移为:$y-a\varphi$;在 k_f 和 C_f 处 m 的位移为:y

$-d\varphi$；在 k_r 和 C_r 处 m 的位移为：$y+b\varphi$。

m_s 的振动方程：

$$m_s\ddot{y}_s=-k_s[y_s-(y-a\varphi)]-c_s[\dot{y}_s-(\dot{y}-a\dot{\varphi})] \tag{2-24}$$

移项得：

$$m_s\ddot{y}_s+k_sy_s-k_sy+k_sa\varphi+c_s\dot{y}_s-c_s\dot{y}+c_sa\dot{\varphi}=0 \tag{2-25}$$

m_{tf}的振动方程：

$$\begin{aligned}m_{tf}\ddot{y}_{tf}=-k_f[y_{tf}-(y-d\varphi)]-c_f[\dot{y}_{tf}-(\dot{y}-d\dot{\varphi})]-\\k_{tf}(y_{tf}-x_1)-c_{tf}(\dot{y}_{tf}-\dot{x}_1)=0\end{aligned} \tag{2-26}$$

移项得：

$$\begin{aligned}m_{tf}\ddot{y}_{tf}+(k_f+k_{tf})y_{tf}-k_fy+k_fd\varphi+\\(c_f+c_{tf})\dot{y}_{tf}-c_f\dot{y}+c_fd\dot{\varphi}-k_{tf}x_1-c_{tf}\dot{x}_1=0\end{aligned} \tag{2-27}$$

m_{tr}的振动方程：

$$\begin{aligned}m_{tr}\ddot{y}_{tr}=-k_r[y_{tr}-(y+b\varphi)]-c_r[\dot{y}_{tr}-(\dot{y}+b\dot{\varphi})]-\\k_{tr}(y_r-x_2)-c_{tr}(\dot{y}_{tr}-\dot{x}_2)=0\end{aligned} \tag{2-28}$$

移项得：

$$\begin{aligned}m_{tr}\ddot{y}_{tr}+(k_r+k_{tr})y_{tr}-k_ry+k_rb\varphi+\\(c_r+c_{tr})\dot{y}_{tr}-c_r\dot{y}+c_rb\dot{\varphi}-k_{tr}x_2-c_{tr}\dot{x}_2=0\end{aligned} \tag{2-29}$$

m 垂向振动方程：

$$\begin{aligned}m\ddot{y}=-k_s(y-a\varphi-y_s)-c_s(\dot{y}-a\dot{\varphi}-y_s)-k_f(y-d\varphi-y_{tf})-\\c_f(\dot{y}-d\dot{\varphi}-\dot{y}_{tf})-k_r(y+b\varphi-y_{tr})-c_r(\dot{y}+b\dot{\varphi}-\dot{y}_{tr})\end{aligned} \tag{2-30}$$

移项后得：

$$\begin{aligned}m\ddot{y}+(k_s+k_f+k_r)y-(ak_s+dk_f-bk_r)\phi-(ac_s+dx_f-bc_r)\dot{\varphi}+\\(c_s+c_f+c_r)y-k_sy_s-c_s-k_fy_{tf}-k_ry_{tr}-c_ry_{tr}=0\end{aligned} \tag{2-31}$$

m 转动方程：

$$\begin{aligned}J\ddot{\varphi}=ak_s(y-a\varphi-y_s)+ac_s(\dot{y}-a\dot{\varphi}-\dot{y}_s)-dk_f(y-d\varphi-y_{tf})-\\dc_f(\dot{y}-d\dot{\varphi}-\dot{y}_{tf})-bk_r(y+b\varphi-y_{tr})-bc_r(\dot{y}+b\dot{\varphi}-\dot{y}_{tr})\end{aligned} \tag{2-32}$$

移项得：

$$\begin{aligned}j\ddot{\varphi}-(ak_s+dk_f-bk_r)y-(ac_s+dc_f-bc_r)y-(a^2k_s+d^2k_f+b^2k_r)\varphi+\\(a^2c_s+d^2c_f+b^2c_r)\dot{\varphi}+ak_sy_s+ac_s\dot{y}_s+dk_fy_{tf}+dc_f\dot{y}_{tf}-bk_ry_{tr}-bc_r\dot{y}_{tr}=0\end{aligned} \tag{2-33}$$

2.4.2　五自由度车辆振动模型幅频特性求解

对式(2-25)、式(2-27)、式(2-29)、式(2-31)、式(2-33)进行傅里叶变换，得到：

$$-\omega^2 m_s \hat{y}_s + k_s \hat{y}_s - k_s \hat{y} + k_s a \hat{\varphi} + i\omega c_s \hat{y}_s - i\omega c_s \hat{y} + i\omega c_s a \hat{\varphi} = 0 \tag{2-34}$$

$$\begin{aligned}&-\omega^2 m_{tr} \hat{y}_{tr} + (k_f + k_{tf}) \hat{y}_{tf} - k_f \hat{y} + k_f d \hat{\varphi} + i\omega (c_f + c_{tf}) \hat{y}_{tf} - \\ &i\omega c_f \hat{y} + i\omega c_f d \hat{\varphi} - k_{tf} \hat{x}_1 - i\omega c_{tf} \hat{x}_1 = 0\end{aligned} \tag{2-35}$$

$$\begin{aligned}&-\omega^2 m_{tr} \hat{y}_{tr} + (k_r + k_{tr}) \hat{y}_{tr} - k_r \hat{y} + k_r b \hat{\varphi} + i\omega (c_r + c_{tr}) \hat{y}_{tr} - \\ &i\omega c_r \hat{y} + i\omega c_r b \hat{\varphi} - k_{tr} \hat{x}_2 - i\omega c_{tr} \hat{x}_2 = 0\end{aligned} \tag{2-36}$$

$$\begin{aligned}&-\omega^2 m \hat{y} + (k_s + k_f + k_r) \hat{y} - (ak_s + dk_f - bk_r) \hat{\varphi} - i\omega (ac_s + dc_f - bc_r) \hat{\varphi} + \\ &i\omega (c_s + c_f + c_r) \hat{y} - k_s \hat{y}_s - i\omega c_s \hat{y}_s - k_f \hat{y}_{tf} - i\omega c_f \hat{y}_{tf} - k_r \hat{y}_{tr} - i\omega c_r \hat{y}_{tr} = 0\end{aligned} \tag{2-37}$$

$$\begin{aligned}&-\omega^2 J \hat{\varphi} - (ak_1 + dk_2 - bk_4) \hat{y} - i\omega (ac_1 + dc_2 - bc_4) \hat{y} - \\ &(a^2 k_1 + d^2 k_2 + b^2 k_4) \hat{\varphi} + i\omega (a^2 c_1 + d^2 c_2 + b^2 c_4) \hat{\varphi} + ak_1 \hat{y}_1 + \\ &i\omega a c_1 \hat{y}_1 + dk_2 \hat{y}_2 + i\omega d c_2 \hat{y}_2 - bk_4 \hat{y}_3 - i\omega b c_4 \hat{y}_3 = 0\end{aligned} \tag{2-38}$$

其中，上标符号表示为傅里叶变换后的频域表达式，整理可得：

$$(-\omega^2 m_s + k_s + i\omega c_s) \hat{y}_s + (-k_s - i\omega c_s) \hat{y} + (k_s a + i\omega c_s a) \hat{\varphi} = 0 \tag{2-39}$$

$$\begin{aligned}&[-\omega^2 m_{tf} + k_f + k_{tf} + i\omega (c_f + c_{tf})] \hat{y}_{tf} + (-k_f - i\omega c_f) \hat{y} + \\ &(k_f d + i\omega c_f d) \hat{\varphi} = (k_{tf} + i\omega c_{tf}) \hat{x}_1\end{aligned} \tag{2-40}$$

$$\begin{aligned}&[-\omega^2 m_{tr} + (k_r + k_{tr}) + i\omega (c_r + c_{tr})] \hat{y}_{tr} + (-k_r - i\omega c_r) \hat{y} + \\ &(k_r b + i\omega c_r b) \hat{\varphi} = (k_{tr} + i\omega c_{tr}) \hat{x}_2\end{aligned} \tag{2-41}$$

$$\begin{aligned}&(-k_s - i\omega c_s) \hat{y}_s + (-k_f - i\omega c_f) \hat{y}_{tf} + (-k_f - i\omega c_f) \hat{y}_{tf} + [-\omega^2 m + (k_s + k_f + k_r) + \\ &i\omega (c_s + c_f + c_r)] \hat{y} + [-(ak_s + dk_f - bk_r) - i\omega (ac_s + dc_f - bc_r)] \hat{\varphi} = 0\end{aligned} \tag{2-42}$$

$$\begin{aligned}&(ak_s + i\omega a c_s) \hat{y}_s + (dk_f + i\omega d c_f) \hat{y}_{tf} + (-bk_r - i\omega b c_r) \hat{y}_{tr} + \\ &[-(ak_s + dk_f - bk_r) - i\omega (ac_s + dc_f - bc_r)] \hat{y} + \\ &[-\omega^2 J - (a^2 k_s + d^3 k_f + b^2 k_r) + i\omega (a^3 c_s + d^2 c_f + b^2 c_r)] \hat{\varphi} = 0\end{aligned} \tag{2-43}$$

式(2-34)~式(2-43)是关于$\hat{y}_1$、$\hat{y}_2$、$\hat{y}_3$、$\hat{\varphi}$、$\hat{y}$的线性方程组,写成矩阵的形式:

$$[M][Y]=[X]$$

$$[M]=\begin{bmatrix} a_{11} & 0 & 0 & a_{14} & a_{15} \\ 0 & a_{22} & 0 & a_{24} & a_{25} \\ 0 & 0 & a_{33} & a_{34} & a_{35} \\ a_{41} & a_{42} & a_{43} & a_{44} & a_{45} \\ a_{51} & a_{52} & a_{53} & a_{54} & a_{55} \end{bmatrix}$$

$$[Y]=\begin{bmatrix} \hat{y}_{s} \\ \hat{y}_{tf} \\ \hat{y}_{tr} \\ \hat{y} \\ \hat{\varphi} \end{bmatrix}$$

$$[X]=\begin{bmatrix} 0 \\ (k_{tf}+i\omega c_{tf})\hat{x}_1 \\ (k_{tr}+i\omega c_{tr})\hat{x}_2 \\ 0 \\ 0 \end{bmatrix}$$

其中:

$$a_{11}=-\omega^2 m_s+k_s+i\omega c_s;a_{14}=-k_s-i\omega c_s;a_{15}=k_s a+i\omega c_s a;$$

$$a_{22}=-\omega^2 m_{tf}+k_f+k_{tf}+i\omega(c_f+c_{tf});a_{24}=-k_f-i\omega c_f;a_{25}=k_f d+i\omega c_f d;$$

$$a_{33}=-\omega^2 m_{tr}+(k_r+k_{tr})+i\omega(c_r+c_{tr});a_{34}=-k_r-i\omega c_r;a_{35}=k_r b+i\omega c_r b;$$

$$a_{41}=-k_s-i\omega c_s;a_{42}=-k_f-i\omega c_f;a_{43}=-k_r-i\omega c_r;$$

$$a_{44}=-\omega^2 m+(k_s+k_f+k_r)+i\omega(c_s+c_f+c_r);$$

$$a_{45}=-(ak_s+dk_f-bk_r)-i\omega(ac_s+dc_f-bc_r);$$

$$a_{51}=ak_s+i\omega ac_s;a_{52}=dk_f+i\omega dc_f;a_{53}=-bk_r-i\omega bc_r;$$

$$a_{54}=-(ak_s+dk_f-bk_r)-i\omega(ac_s+dc_f-bc_r);$$

$$a_{55}=-\omega^2 J-(a^2k_s+d^2k_f+b^2k_r)+i\omega(a^2c_s+d^2c_f+b^2c_r)。$$

由于车辆模型为1/2车辆模型,设前后轴距为L,则后轮行驶轨迹和前轮一致,只是在时间上滞后$\Delta t=L/v$,因而前后轮行驶的路面不平度功率谱密度在相位上滞

后 $\omega\Delta t$。

设路面平整度功率谱密度为 $\hat{x}$，则有：$\hat{x}_1 = \hat{x}$，$\hat{x}_2 = \hat{x}e^{-i\omega\Delta t}$，所以：

$$[X] = \begin{bmatrix} 0 \\ (k_{\mathrm{tf}} + i\omega c_{\mathrm{tf}})\hat{x}_1 \\ (k_{\mathrm{tr}} + i\omega c_{\mathrm{tr}})\hat{x}_2 \\ 0 \\ 0 \end{bmatrix} = \begin{bmatrix} 0 \\ (k_{\mathrm{tf}} + i\omega c_{\mathrm{tf}})\hat{x} \\ (k_{\mathrm{tr}} + i\omega c_{\mathrm{tr}})\mathrm{e}^{-i\omega\Delta t}\hat{x} \\ 0 \\ 0 \end{bmatrix}$$

将方程$[M][Y] = [X]$左右两边同除以 $\hat{x}$，方程$[M][Y] = [X]$中，$[Y]$变为：

$$[H] = \begin{bmatrix} \hat{y}_{\mathrm{s}}/\hat{x} \\ \hat{y}_{\mathrm{tf}}/\hat{x} \\ \hat{y}_{\mathrm{tr}}/\hat{x} \\ \hat{y}/\hat{x} \\ \hat{\varphi}/\hat{x} \end{bmatrix} = \begin{bmatrix} H_1 \\ H_2 \\ H_3 \\ H_4 \\ H_5 \end{bmatrix}$$

$[X]$变为：

$$[X] = \begin{bmatrix} 0 \\ (k_{\mathrm{tf}} + i\omega c_{\mathrm{tf}}) \\ (k_{\mathrm{tr}} + i\omega c_{\mathrm{tr}})\mathrm{e}^{-i\omega \mathrm{d}t} \\ 0 \\ 0 \end{bmatrix}$$

通过求解方程$[M][H] = [X]$，就可以解出 $\hat{y}_1$、$\hat{y}_2$、$\hat{y}_3$、$\hat{y}$、$\hat{\varphi}$ 和 $\hat{x}$ 之间的传递函数，也即频响函数 H。

2.4.3　五自由度振动模型前后轮动荷载系数求解

车辆静载为：

$$G = (m_{\mathrm{tf}} + m_{\mathrm{tr}} + m + m_{\mathrm{s}})g \tag{2-44}$$

车辆前轮动荷载为：

$$F_{\mathrm{df}} = K_{\mathrm{tf}}(y_{\mathrm{tf}} - x_1) + c_{\mathrm{tf}}(\dot{y}_{\mathrm{tf}} - \dot{x}_1) \tag{2-45}$$

则动荷载系数为：

$$\mathrm{DLC} = \frac{F_{\mathrm{df}}}{G}$$

为了求出动荷载系数对路面不平度激励 x 的频响函数，将式(2-45)进行傅里叶变换，得到：

$$\widehat{F}_{df}=K_{tf}(\widehat{y}_{tf}-\widehat{x}_1)+i\omega c_{tf}(\widehat{y}_{tf}-\widehat{x}_1) \tag{2-46}$$

则前轮动荷载系数对路面不平整度激励的频响函数为：

$$H(\omega)_{DLCf-x}=\frac{\widehat{F}_{df}}{G\widehat{x}}=\frac{K_{tf}(\widehat{y}_{tf}-\widehat{x}_1)+i\omega c_{tf}(\widehat{y}_{tf}-\widehat{x}_1)}{G\widehat{x}}=\frac{(K_{tf}+i\omega c_{tf})\widehat{y}_{tf}-(K_{tf}+i\omega c_{tf})\widehat{x}_1}{G\widehat{x}}$$
$$=\frac{(K_{tf}+i\omega c_{tf})H_2-(K_{tf}+i\omega c_{tf})}{G} \tag{2-47}$$

动荷载系数的功率谱密度[15]为：

$$G_{DLCf/G}(f)=|H(\omega)_{DLCf-x}|^2G_x(f) \tag{2-48}$$

同样的道理，后轮动荷载：

$$F_{dr}=K_{tr}(y_{tr}-x_2)+c_{tr}(\dot{y}_{tf}-\dot{x}_2) \tag{2-49}$$

对该式进行傅里叶变换，可得：

$$\widehat{F}_{dr}=K_{tr}(\widehat{y}_{tr}-\widehat{x}_2)+i\omega c_{tr}(\widehat{y}_{tr}-\widehat{x}_2) \tag{2-50}$$

则后轮动荷载系数对路面不平整度激励的频响函数为：

$$H(\omega)_{DLCr-x}=\frac{\widehat{F}_{dr}}{G\widehat{x}}=\frac{K_{tr}(\widehat{y}_{tr}-\widehat{x}_2)+i\omega c_{tr}(\widehat{y}_{tr}-\widehat{x}_2)}{G\widehat{x}}$$
$$=\frac{(K_{tr}+i\omega c_{tr})\widehat{y}_{tr}-(K_{tr}+i\omega c_{tr})\widehat{x}_2}{G\widehat{x}}$$
$$=\frac{(K_{tr}+i\omega c_{tr})H_3-(K_{tr}+i\omega c_{tr})e^{-i\omega\Delta t}}{G} \tag{2-51}$$

求得动荷载系数的功率谱密度为：

$$G_{DLCr/G}(f)=|H(\omega)_{DLCr-x}|^2G_x(f) \tag{2-52}$$

从统计的意义上来讲，车辆动荷载正负的概率相等，动荷载的均值为零，动荷载系数的均值也为零，其方差就等于均方值：

$$\sigma F_{d/G}{}^2=\int_0^{\infty}G_{DLCf/G}(f)\,df=\int_0^{\infty}|H(\omega)_{DLC-x}|^2G_x(f)\,df \tag{2-53}$$

将式(2-51)和式(2-52)代入上式，就可以得到前后轮动荷载系数的方差，也即其均方值，从而求得动荷载系数均值。

同样，对于上式中的幅频特性表达式非常复杂，无法用解析的方法进行积分，采用 MATLAB 将其编制成计算程序求解。

2.4.4 路面不平度的指标间的关系及取值

国际平整度指数IRI,连续平整度仪测定的标准差σ和路面功率谱密度PSD是评价路面平整度的三大指标,前两者对应于道路工程,后者在车辆学科中研究应用较多。

1)路面不平度功率谱密度

路面不平度功率谱密度用式(2-54)作为拟合表达式:

$$G_q(n) = G_q(n_0)\left[\frac{n}{n_0}\right]^{-w} \tag{2-54}$$

式中:n——空间频率,它是波长ë的倒数,表示每米长度内包含波的个数;

n_0——参考空间频率,取0.1m^{-1};

$G_q(n_0)$——参考空间频率n_0下的路面功率谱密度值,其大小取决于路面等级,具体取值参见本章2.2.3。

2)公路工程平整度要求

我国公路沥青路面设计规范规定:新建高速公路和一级公路平整度应满足IRI<2.0m/km,σ<1.0mm[39];公路沥青路面施工技术规范规定新建高速公路和一级公路上面层平整度应满足σ<1.2mm,其他公路σ<2.5mm[40],水泥混凝土路面施工技术规范规定新建高速公路和一级公路平整度应满足IRI<2.0m/km,σ<1.2mm,其他公路IRI<3.2m/km,σ<2.0[41]mm。

3)平整度指标之间的关系

对平整度指标IRI、σ和PSD之间的关系,多位学者进行了研究,得出的结论也基本一致[42-45],在此取$IRI = 0.6\sqrt{S_q(n_0)}$,$\sigma = 0.6IRI$[45]。结合规范规定,取高速公路和一级公路的路面功率谱密度$G_x(n_0) = 4m^2/m^{-1}$,其他等级公路$G_x(n_0) = 17m^2/m^{-1}$。

2.4.5 载重货车计算实例

某种重型货车的各参数分别为:车辆座椅及驾驶员质量的一半$m_s = 100kg$;前轮胎质$m_{tf} = 480kg$;后轮胎质量$m_{tr} = 945kg$;车架和装载物质量和$m = 7885kg$;车架绕质心的转动惯量$J = 37432kg.m$;座椅刚度系数$k_s = 2100N/m$;前悬挂刚度系数$k_f = 150000N/m$;前轮胎刚度系数$k_{tf} = 2800000N/m$;后悬挂刚度系数$k_r = 370000N/m$;后轮胎刚度系数$k_{tr} = 8900000N/m$;座椅阻尼系数$C_s = 1800N \cdot s/m$;前悬挂阻尼系数$C_f = 7000N \cdot s/m$;前轮阻尼度系数$C_{tf} = 2000N \cdot s/m$;后悬挂阻尼系数$C_r =$

14000N·s/m；后轮胎阻尼系数 $C_{tr}=3000$N·s/m。

座椅中心至车架质心的距离 $a=0.5$m；后轮中心至车架质心的距离 $b=3.1$m；前轮中心至车架质心的距离 $d=2.5$m；前后轮中心距离 $L=b+d$；则前后轮驶过同一地点的时间差为 $\Delta t=L/v$。

经过程序计算，得到高等级公路、其他等级公路的路面和不同车速下的前后轮动荷载系数功率谱密度和激振频率 f 之间的关系。以平整度等级为高等级公路，车辆行驶速度 80km/h 为例，前后轮动荷载系数功率谱密度和激振频率 f 之间的关系，如图 2-12 和图 2-13 所示。

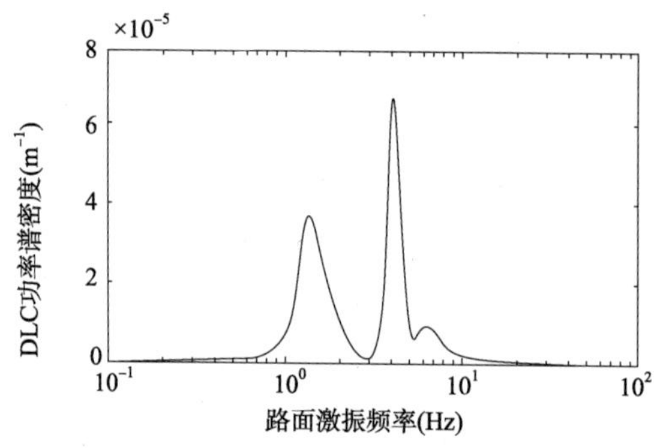

图 2-12　前轮动荷载系数功率谱密度和激振频率 f 之间的关系

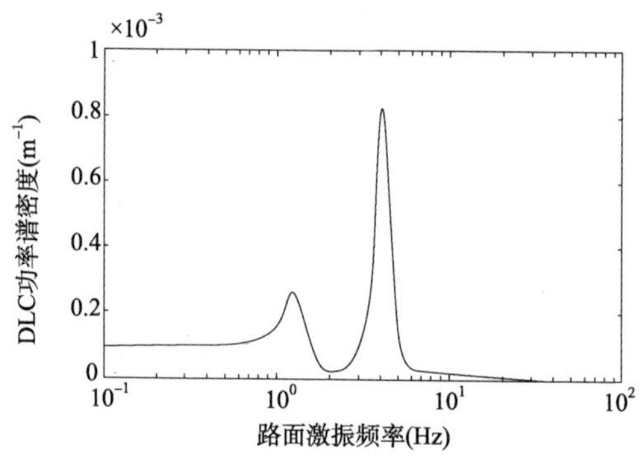

图 2-13　后轮动荷载系数功率谱密度和激振频率 f 之间的关系

从以上两图可以看出，前轮和后轮都在约 1Hz 和 5Hz 左右出现共振现象，但前轮在 1Hz 左右共振明显，而后轮在 5Hz 左右更明显。

因四级公路车辆较少，车速较慢，所以在此不再计算 30km/h 和 20km/h 情况下的动荷载系数。其他不同速度和不同平整度等级路面的动荷载系数，如表 2-5 所示。

不同路面等级和不同车速下动荷载系数均值　　表 2-5

路面平整度等级	车辆速度(km/h)	前轮动荷载系数	后轮动荷载系数
高速公路和一级公路	120	0.1290	0.1055
	100	0.1156	0.1066
	80	0.1063	0.0917
其他公路	80	0.1696	0.1140
	60	0.1460	0.0850
	40	0.1185	0.0821

从表 2-5 中的数据可以看出,动荷载系数均值随着路面平整度等级的降低而增大;随着车速的提高而增大。从动荷载系数上来看,本例中的货运车辆前轮动荷载系数比后轮略大,这主要是受质心位置和前后轮胎的刚度不同导致。

车辆装载质量对动荷载的影响规律和二自由度模型基本一致,在此不再赘述。

2.4.6　轿车实例计算

某种轿车的各参数分别为:车辆座椅及驾驶员质量的一半 $m_s=70\text{kg}$;前轮胎质量 $m_{tf}=80\text{kg}$;后轮胎质量 $m_{tr}=80\text{kg}$;车架和装载物质量和 $m=1235\text{kg}$;车架绕质心的转动惯量 $J=472\text{kg}\cdot\text{m}^2$;座椅刚度系数 $k_s=2100\text{N/m}$;前悬挂刚度系数 $K_f=22741\text{N/m}$;前轮胎刚度系数 $K_{tf}=302342\text{N/m}$;后悬挂刚度系数 $k_r=22741\text{N/m}$;后轮胎刚度系数 $K_{tr}=302342\text{N/m}$;座椅阻尼系数 $C_s=1800\text{N}\cdot\text{s/m}$;前悬挂阻尼系数 $C_f=1228\text{N}\cdot\text{s/m}$;前轮阻尼度系数 $C_{tf}=450\text{N}\cdot\text{s/m}$;后悬挂阻尼系数 $C_r=1228\text{N}\cdot\text{s/m}$;后轮胎阻尼系数 $C_{tr}=3450\text{N}\cdot\text{s/m}$。

座椅中心至车架质心的距离 $a=0.35\text{m}$;后轮中心至车架质心的距离 $b=0.7\text{m}$;前轮中心至车架质心的距离 $d=0.7\text{m}$;前后轮中心距离 $L=b+d$;则前后轮驶过同一地点的时间差为 $\Delta t=L/v$。

经过程序计算,得到高等级公路、其他等级公路的路面和不同车速下的前后轮动荷载系数功率谱密度和激振频率 f 之间的关系。以平整度等级为高等级公路,车辆行驶速度 100km/h 为例,前后轮动荷载系数功率谱密度和激振频率 f 之间的关系,如图 2-14 和图 2-15 所示。

从以上两图可以看出,前轮和后轮都在 1Hz 和 10Hz 左右出现共振现象,但前轮在 10Hz 左右共振更加明显。

不同速度和不同平整度等级路面的动荷载系数,如表 2-6 所示。

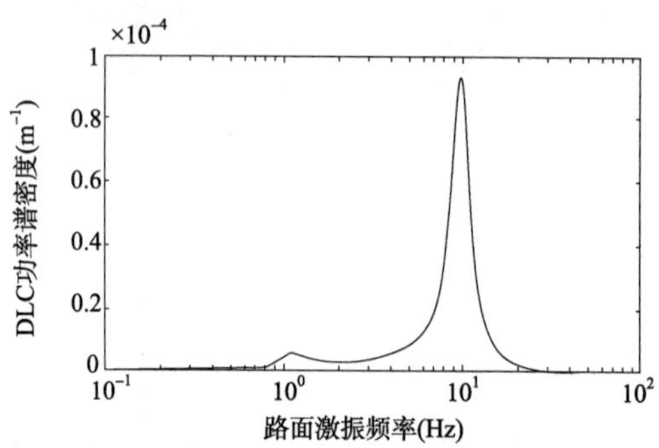

图 2-14　前轮动荷载系数功率谱密度和激振频率 f 之间的关系

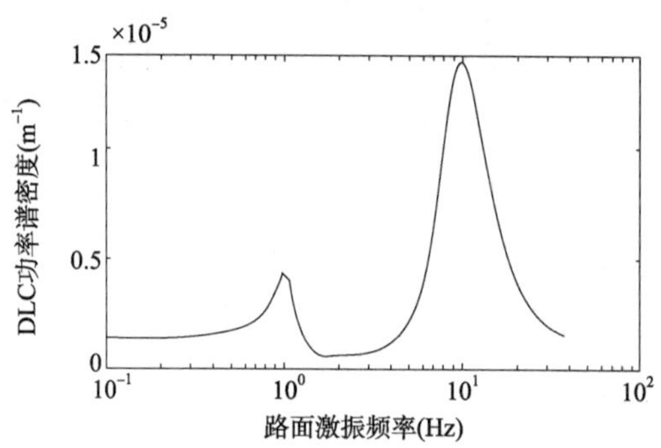

图 2-15　后轮动荷载系数功率谱密度和激振频率 f 之间的关系

不同路面等级和不同车速下动荷载系数均值　　表 2-6

路面平整度等级	车辆速度(km/h)	前轮动荷载系数	后轮动荷载系数
高速公路和一级公路	120	0.0728	0.0491
	100	0.0651	0.0458
	80	0.0564	0.0427
	60	0.0487	0.0303
其他公路	100	0.1342	0.0945
	80	0.1163	0.0881
	60	0.1003	0.0799
	40	0.0865	0.0626

从表 2-6 中的数据可以看出，动荷载系数均值随着路面平整度等级的降低而增大；随着车速的提高而增大。本例中轿车前后轮动荷载系数和重载货车相同，前轮动荷载系数大于后轮动荷载系数。

2.5 考虑动荷载影响的当量轴载换算理论分析

我国路面结构设计是以静止的车辆荷载作为路面设计参数的。随着车速的提高和轴重的增加，由于路面不平整激起的车辆动荷载越来越大，使得路面在没有达到设计使用年限就出现破坏，因而越来越多的学者主张路面设计时应考虑动荷载的影响。根据二自由度车辆模型进行了动荷载大小和概率分布计算，并将动荷载看作一系列大小不一按照一定概率分布的静载，将动载和车辆轴载之和换算成为标准轴载，以此分析动荷载对标准当量轴载换算的影响。

2.5.1 计入动荷载后的轴载换算

1）动荷载系数 DLC 分布概率计算

式(2-23)中的幅频特性表达式比较复杂，在此采用 MATLAB 编程求解。对线性系统来讲，如果输入是正态分布的，输出也是正态分布的。路面的随机输入和汽车振动响应都基本上符合零均值的正态分布，按照正态分布的标准可以求得动荷载系数 DLC 分布在某范围内的概率，如表 2-7 所示（间距取 0.2 倍的 $\sigma_{F_d/G}$，共 16 个区域，负号表示动荷载向上）。

动荷载系数概率分布 表 2-7

动荷载系数范围 $\times(\pm\sigma_{F_d/G})$	>3	2.8~3.0	2.6~2.8	2.4~2.6	2.2~2.4	2.0~2.2	1.8~2.0	1.6~1.8
分布概率(%)	0.135	0.1205	0.2106	0.3537	0.5705	0.8847	1.318	1.8869
动荷载系数范围 $\times(\pm\sigma_{F_d/G})$	1.4~1.6	1.2~1.4	1.0~1.2	0.8~1.0	0.6~0.8	0.4~0.6	0.2~0.4	0~0.2
分布概率(%)	2.5958	3.4313	4.3585	5.3200	6.2398	7.0325	7.6162	7.9260

2）当量轴载换算

根据表 2-7 就可以计算出动荷载 F_d = DLC × G 大小及其分布概率，从而求出动静荷载之和及其概率分布，按照其大小和概率分布对车辆的荷载进行当量换算，就可以求出考虑动荷载后的标准当量轴次。

根据我国沥青路面设计规范，当以设计弯沉值和沥青面层层底拉应力为指标时，轴载换算公式为：

$$N = \sum_{i=1}^{k} c_{1i} c_{2i} n_i \left(\frac{P_i}{P}\right)^{4.35} \tag{2-55}$$

式中：N——标准轴载的当量轴次（次/日）；

n_i——各种被换算汽车的作用次数(次/日);

P——标准轴载(kN);

P_i——各种被换算车型的轴载(kN);

c_{1i}——轮组系数,双轮组为 1,单轮组为 6.4,四轮组为 0.38;

c_{2i}——轴数系数。

则考虑动荷载的当量轴载换算公式为:

$$N' = \sum_{i=1}^{k}\sum_{j=1}^{m} c_{1i} c_{2i} n_i Q_j \left[\frac{P_i(1 \pm \mathrm{DLC}_j)}{P}\right]^{4.35} \tag{2-56}$$

式中:m——动荷载系数的离散区域数;

Q_j——动荷载系数的分布概率。

由于各车型的轴数系数和轮组系数不同,在此进行轴载换算时,将式(2-55)和式(2-56)处理如下:

令 $c_{1i}c_{2i}n_i = n_i'$,轮组系数和轴数系数就直接折算到轴次上,以上两式就变成:

$$N = \sum_{i=1}^{k} n_i' \left(\frac{P_i}{P}\right)^{4.35} \tag{2-57}$$

$$N' = \sum_{i=1}^{k} n_i' \sum_{i=1}^{m} Q_j \left[\frac{P_i(1 \pm \mathrm{DLC}_j)}{P}\right]^{4.35} \tag{2-58}$$

由式(2-57)可得计入动荷载后各轴载和标准当量轴载的换算系数为:

$$\rho = \sum_{j=1}^{m} Q_j \left[\frac{P_i(1 \pm \mathrm{DLC}_j)}{P}\right]^{4.35} \tag{2-59}$$

考虑动荷载后的标准当量轴次增长率为:

$$\gamma = \frac{N' - N}{N} \times 100\% \tag{2-60}$$

2.5.2 计算与分析

1)车辆参数

选取车型时考虑了我国常见的车辆标准载重,取以下 5 种车型作为代表,其计算参数如表 2-8 所示。

2)动荷载系数均方差计算

按照编制的程序,分别对以上 5 种车型在不同等级的公路上以不同的速度行驶时动荷载系数的均方差进行计算,结果如表 2-9 所示。

3)当量轴载换算

将表 2-9 所得数据带入表 2-7 计算出动荷载系数的概率分布(动荷载系数大

于 $3\sigma_{F_d/G}$ 时取 $3\sigma_{F_d/G}$，其余取中值），从而求出动静荷载之和及其概率分布，依据式(2-61)可计算出考虑动荷载后各轴载和标准当量轴次的换算系数，结果如表 2-10 所示。

依照式(2-57)，不考虑动荷载时各轴载换算为标准轴次为：$N = 0.008n_1' + 0.086n_2' + 0.321n_3' + n_4' + 3.167n_5'$。按照表 2-10 数据和式(2-62)，各级公路在不同车速下的当量轴次增长率如表 2-11 所示。

从表 2-11 可以看出，无论各种车型的数量大小，考虑动荷载后的当量轴次增长率均为正值。为了研究各种情况下的增长率，对 $n_1' - n_5'$ 取[1,100]内任意数据（单位：万次），并对各种情况组合求出增长率的最大值和最小值。由于组合数量巨大，通过编程计算求出，如表 2-12 所示。

4）计算结果分析

以上计算结果可以看出，考虑动荷载后，各级公路的当量轴次均有不同程度的提高，路面平整度质量越差、车速越高，当量轴次提高的也就越多，对路面结构设计的影响就越大。高速公路和一级公路至少提高 1% ~2%，其他等级的公路应至少提高 2% ~5%。

车辆参数　　表 2-8

车型	簧下质量 m_1 (kg)	簧上质量 m_2 (kg)	悬架刚度 k (kN/m)	轮胎刚度 k_t (kN/m)	悬架阻尼系数 C (Ns/m)	累计轴次（万次）
a	300	3100	200	2300	5000	n'_1
b	510	5300	320	3400	9000	n'_2
c	730	7130	430	4000	12000	n'_3
d	1000	9204	500	5000	15000	n'_4
e	1100	12200	700	6500	18000	n'_5

不同公路等级和不同车速下动荷载系数均方差　　表 2-9

公路等级	车辆时速(km/h)	a 车	b 车	c 车	d 车	e 车
其他等级公路	80	0.0985	0.0834	0.0754	0.0756	0.0730
	60	0.0853	0.0722	0.0653	0.0655	0.0632
	40	0.0696	0.0590	0.0533	0.0535	0.0516
高等级公路	120	0.0585	0.0495	0.0448	0.0449	0.0434
	100	0.0534	0.0452	0.0409	0.0415	0.0396
	80	0.0478	0.0404	0.0366	0.0367	0.0354

计入动荷载后各轴载和标准当量轴载换算系数　　表 2-10

公路等级	车辆时速(km/h)	a 车	b 车	c 车	d 车	e 车
其他等级公路	80	0.009	0.091	0.335	1.042	3.290
	60	0.009	0.090	0.331	1.031	3.259
	40	0.009	0.089	0.328	1.021	3.228
高等级公路	120	0.009	0.088	0.326	1.015	3.210
	100	0.009	0.088	0.325	1.013	3.203
	80	0.009	0.087	0.324	1.010	3.195

不同公路等级和车速下当量轴次增长率　　表 2-11

路面等级	车辆时速(km/h)	当量轴次增长率(%)
其他等级公路	80	$(0.001n'_1+0.005n'_2+0.014n'_3+0.042n'_4+0.123_5)\div N$
	60	$(0.001n'_1+0.004n'_2+0.01n'_3+0.031n'_4+0.092n'_5)\div N$
	40	$(0.001n'_1+0.003n'_2+0.007n'_3+0.021n'_4+0.061n_5)\div N$
高等级公路	120	$(0.001n'_1+0.002n'_2+0.005n'_3+0.015n'_4+0.043n_5)\div N$
	100	$(0.001n'_1+0.002n'_2+0.004n'_3+0.013n'_4+0.036n_5)\div N$
	80	$(0.001n'_1+0.001n'_2+0.003n'_3+0.01n'_4+0.028n_5)\div N$

不同公路等级和车速下当量轴次换算增幅　　表 2-12

公 路 等 级	车辆时速(km/h)	增　幅　(%)
其他等级公路	80	4.11 ~ 4.60
	60	3.12 ~ 3.57
	40	2.04 ~ 2.58
高等级公路	120	1.57 ~ 1.91
	100	1.35 ~ 1.73
	80	1.09 ~ 1.32

我国沥青路面设计规范还规定当以半刚性基层层底拉应力为验算指标时，轴载换算公式为：

$$N' = \sum_{i=1}^{k} C'_{1i} C'_{2i} n_i' \left(\frac{p_i}{P}\right)^8 \tag{2-61}$$

式中：C'_1——轮组系数，双轮组为 1.0，单轮组为 18.5，四轮组为 0.09；

C'_2——轴数系数。

根据我国水泥混凝土路面设计规范，轴载换算公式为：

$$N_s = \sum_{i=1}^{k} \delta_i n_i \left(\frac{P_i}{P} \right)^{16} \tag{2-62}$$

式中：N_s——100kN 的单轴—双轮组标准轴载的作用次数；

P_i——单轴—单轮组、单轴—双轮组、双轴—双轮组或三轴—双轮组轴型 i 级轴载的总质量(kN)；

n——轴型和轴载级位数；

n_i——各类轴型 i 级轴载的作用次数；

δ_i——轴—轮型系数。

采用同样的方法，对式(2-61)代表的情况进行计算，高速公路和一级公路至少提高 3% ~6%，其他等级的公路应至少提高 7% ~17%。对式(2-62)代表的情况进行计算，高速公路和一级公路至少提高 15% ~25%，其他等级公路应至少提高 35% ~80%。路面在使用过程中，随着营运时间的增长平整度变差，而以上结果的计算是建立在新建路面竣工验收标准上的，因而以上计算结果偏于保守。

2.6　本章小结

本章对路面平整度的测试和评定方法进行了总结，然后总结了目前常见的车辆振动模型，在此基础上利用傅立叶变换推导出了二自由度和五自由度车辆振动模型在路面不平度激励下的动荷载系数的计算公式，并编制了相应的 MATLAB 计算程序。从理论上计算了考虑动荷载后的路面当量轴次增长率。得到的结论如下：

(1)动荷载系数均值随着路面平整度等级的降低和车速的提高而增大。

(2)随着装载货物质量的减少，动荷载系数大幅增加，但由于货物质量减轻，产生的动荷载有一定的下降。

(3)二自由度计算模型显示，路面不平整度激振频率在 1Hz 和 10Hz 时，车辆共振，动荷载系数最大。

(4)本章五自由度实例计算模型显示，前轮动荷载系数大于后轮动荷载系数。

(5)考虑动荷载的影响后，应对现有的标准当量轴次计算方法进行修正。按照现行规范方法计算出标准当量轴次后，应根据公路等级有不同程度的提高。对于沥青路面，当以设计弯沉值和沥青面层层底拉应力为指标时，高速和一级公路至少提高 1% ~2%，其他等级的公路应至少提高 2% ~5%；以半刚性基层层底拉应力为验算指标时，高速公路和一级公路至少提高 3% ~6%，其他等级的公路应至少提高 7% ~17%；对水泥混凝土路面，高速公路和一级公路至少提高 15% ~

25% ,其他等级的公路应至少提高 35% ~80% 。

(6)由于动荷载的大小及对路面的影响程度受到诸如轮胎气压、车辆悬架刚度、公路线形、车辆载质量、车速、外界环境、路面材料及疲劳特性等多方面因素的影响,本章仅是从理论上对考虑动荷载后的当量轴次换算进行分析,还需要进一步进行长期的试验研究。

本章参考文献

[1] American Society for Testing and Materials. Terminology Relating to Traveled Surface Characteristics Annual Book of ASTM Standards[J]. 1999.

[2] 中华人民共和国行业标准. JTJ 002—1987 公路工程名词术语[S]. 北京:人民交通出版社,1987.

[3] 中华人民共和国行业标准. JTG F80/1—2004 公路工程质量检验评定标准 第一册 土建工程[S]. 北京:人民交通出版社,2004.

[4] 张峰. 公路工程中的平整度评价指标[J]. 公路与汽运,2004(2):42-44.

[5] 杨浪萍,吴康雄,方晓丽,等. 数显 3m 直尺式平整度仪综合精度分析[J]. 长沙交通学院学报,1997,13(2):34-38.

[6] 史剑发,郭景芹. 路面平整度检测仪器——3m 直尺的改进[J]. 检测检验,2003(4):28-29.

[7] 周晓青,孙立军,颜利. 路面平整度评价发展及趋势[J]. 公路交通科技,2005,22(10):18-22.

[8] 刘云,钱振东. 路面平整度及车辆振动模型的研究综述[J]. 公路交通科技,2008,25(1):52-57.

[9] 于清. 路面平整度与车辆动荷载关系的研究[D]. 重庆:重庆交通学院,2004.

[10] 李广馥,崔功凌,陈页开. 路面平整度测定的 IRI 标定[J]. 沈阳建筑工程学院学报,1998,14(1):32-36.

[11] 蔚晓丹. 国际平整度指数 IRI 作为路面平整度评价指标的研究[J]. 公路交通科技,1999,16(1):9-13.

[12] 周晓青,孙立军. 国际平整度指数与行驶车速的关系[J]. 同济大学学报(自然科学版),2005,33(10):1323-1327.

[13] SUN L. Developing Spectrumbased Models for InternationalRoughness Index and Present Serviceability Index[J]. Journalof Transportation Engineering,2001,127(6):463-470.

[14] JIANG Y, LI S. Gray System Model for Estimating the Pavement International Roughness Index[J]. Journal of Performance of Constructed Facilities, 2005, 19(1):62-68.

[15] 周晓青,孙立军,颜利. 各国路面平整度验收规范[J]. 中外公路,2006,26(1):52-56.

[16] 吴庆雄,陈宝春,奚灵智. 路面平整度 PSD 和 IRI 评价方法比较[J]. 交通运输工程学报,2008,8(1):36-40.

[17] 张向东,闫维明,葛惠娟,等. 由国际平整度指数模拟路面不平度方法研究[J]. 公路交通科技,2009,26(4):13-16.

[18] Sun L., Zhang Z., Ruth J. Modeling indirect statistics of surface roughness[J]. Journal of Transportation Engineering, 2001, 127(2):105-111.

[19] Dodds C. J., Robson J. D. The description of road surface roughness[J]. Journal of sound and vibration, 1973, 31(2):175-183.

[20] 钟阳. 柔性路面随机动态反应分析[D]. 哈尔滨:哈尔滨建筑大学,2000.

[21] V. Rouillard, M. A. Sek, T. Perry. Analysis and Simulation of Road Profiles. Journal of Transportation Engineering[J]. 1996, 122(3):241-245.

[22] 王新明. 路面表面特性与汽车动载研究[D]. 西安:西安公路交通大学,2000.

[23] 中华人民共和国国家标准. GB/T 7031—2005 机械振动道路路面谱测量数据报告[S]. 北京:中国标准出版社,2005.

[24] 刘献栋,邓志党,高峰. 基于逆变换的路面不平度仿真研究[J]. 中国公路学报,2005,18(1):122-126.

[25] 赵济海,王哲人,关朝雳. 路面不平度的测量分析与应用[J]. 北京:北京理工大学出版社,2000.

[26] 郭成超,陶向华,王复明. 车速和路面不平度特性对车路相互作用的影响[J]. 华北水利水电学院学报,2004,25(3):42-45.

[27] 郭兰英,刘小羊,梁波. 路面平整度仪的研究与设计[J]. 西安公路交通大学学报,1997,17(1)103-106.

[28] 郭兰英,刘小羊. XLPY-F 路面平整度仪的研制[J]. 交通与计算机,1999,17(3):9-11.

[29] 马荣贵,宋宏勋,来旭光. 激光路面平整度监测系统[J]. 长安大学学报(自然科学版),2006,26(2):38-41.

[30] 周波,朱先祥,孙文. 车载式颠簸累积仪在路面平整度检测中的应用[J]. 合肥工业大学学报(自然科学版),2004,27(9):1095-1098.

[31] 中华人民共和国国家标准. GB/T 7031—2005 机械振动—道路路面谱测量数据报告[S]. 北京:中国标准出版社,2005.

[32] 钟阳,王哲人,张肖宁. 不平整路面上行驶的车辆对路面随机动压力的分析[J]. 中国公路学报,1992,5(2):41-43.

[33] 孙璐,邓学均. 车辆-路面相互作用产生的动力荷载[J]. 东南大学学报,1996,26(5):142-145.

[34] 郑京杰,李跃军. 汽车对路面作用的随机动荷载分析[J]. 中南公路工程,1999,24(1)*:8-10.

[35] 邓学钧. 车辆地面结构系统动力学研究[J]. 东南大学学报(自然科学版),2002,32(3):474-479.

[36] 郭成超,陶向华,王复明. 车速和路面不平度特性对车路相互作用的影响[J]. 华北水利水电学院学报,2004,25(3):42-45.

[37] 张洪亮,胡长顺. 基于五自由度车辆模型的桥头搭板容许纵坡变化值研究[J]. 土木工程学报,2005,38(6):125-130.

[38] 余志生. 汽车理论[M]. 5 版:北京:机械工业出版社,2009.

[39] 中华人民共和国行业标准. JTG D50—2006 公路沥青路面设计规范[S]. 北京:人民交通出版社,2006.

[40] 中华人民共和国行业标准. JTG F40—2004 公路沥青路面施工技术规范[S]. 北京:人民交通出版社,2004.

[41] 中华人民共和国行业标准. JTG F30—2003 公路水泥混凝土路面施工技术规范[S]. 北京:人民交通出版社,2003.

[42] 周晓青,孙立军. 国际平整度指数与行驶车速的关系[J]. 同济大学学报(自然科学版),2005,33(10):1323-1327.

[43] 吴庆雄,陈宝春,奚灵智. 路面平整度 PSD 和 IRI 评价方法比较[J]. 交通运输工程学报,2008,8(1):36-40.

[44] 张向东,闫维明,葛惠娟,等. 由国际平整度指数模拟路面不平度方法研究[J]. 公路交通科技,2009,26(4):13-16.

[45] Sun L., Zhang Z., Ruth J. Modeling indirect statistics of surface roughness [J]. Journal of Transportation Engineering, 2001, 127(2):105-111.

第3章　车辆轮轴竖向振动特征试验研究

车辆动荷载是造成路面出现损坏、影响路面使用寿命和服务能力的关键因素之一。目前对动载作用下路面动态响应的研究不成熟,理论研究远远落后于实际工程要求,研究动荷载对路面的破坏效应将会有助于进一步认识沥青路面破坏机理[1-6]。

本章采用自主研发的车辆轮动荷载测量仪,通过现场试验,测出不同车型在不同车速条件下的车辆后轮的竖向振动加速度,从时域上分析车辆振动特征。对时域数据进行频谱分析,从频域上研究车辆轮轴振动规律。

3.1　车辆轮轴竖向振动加速度和动荷载的关系

如第二章所述,理论分析研究动荷载都是建立不同自由度的车辆振动模型[7-21],考虑车辆自重计算出车辆前轮或者后轮的动荷载,为了简化分析车辆动荷载和车辆轮轴加速度之间的关系,在此以2自由度振动系统模型,如图2-5所示。

车辆静载 $G=(m_1+m_2)g$,车轮动载。随机过程理论指出,对于平稳过程中输入,线性时不变系统的输出也是平稳过程。对于一个线性系统,受到的振幅为 x_0,频率为 ω 的 $x_0e^{i\omega t}$ 激励。经过一个瞬态滞后,该线性系统的稳态响应输出与输入形式类似,表示为:

$$Z_1=Z_{10}e^{i(\omega t+\varphi)},Z_2=Z_{20}e^{i(\omega t+\varphi)}$$

1/4车辆模型中,车轮和车身质量块的速度和加速度可分别写为:

$$\dot{Z}_1=i\omega Z_1\ \ddot{Z}_1=-\omega^2Z_1 \tag{3-1}$$

$$\dot{Z}_2=i\omega Z_2\ \ddot{Z}_2=-\omega^2Z_2 \tag{3-2}$$

车轮动载:$F_d=K_tYZ_1-xY=K_t\left(\frac{1}{\omega^2}z_i+x\right)$。

上式中可以看出,车速和路面平整度一定的情况下上式中 ω 为定值,车辆动荷载和车辆轮轴加速度直接线性相关,同时车辆动荷载作用频率和轮胎竖向振动频率一致,因此轮胎竖向加速度的特征反映了动荷载的特征。

3.2 车辆轮轴动荷载测量仪

获取车辆荷载的方法目前主要是称重系统,目前有静态称重和动态称重系统。静态称重要求每次称量时车辆必须停止,从而必须中断交通,不能适应大容量的交通荷载的称量;动态称重技术 WIM(Weigh-In-Motion)提供一种在不中断交通的情况下自动记录和处理车辆质量、车型分类、车速等数据的技术手段。动态称重在测量时除了真实轴重作用于测量传感系统之外,还有许多因素产生的干扰力,如速度、车辆自身振动、路面引起的车辆振动、轮胎特性、环境因素等,测量时真实轴重往往被淹没在各种干扰中,这将严重地影响动态称重的精度。动态称重系统的作用是为公路交通部门了解当前公路上行驶车辆的车型组成、轴载谱和超重程度,分析超重车辆对路面损坏的影响程度,并制订相应的管理措施和管理法规,同时也为公路运营部门按车重收费提供有效的技术手段。称重系统只能定点测量,无法实时检测车辆施加给路面的动态荷载。车辆动态荷载既和车辆的载重有关,又和车辆速度、路面平整度以及车辆悬架参数有关,定点的称重系统无法实现车辆的动荷载的实时监测,所以无法反映车辆动荷载的时域特征及动荷载特征和路面平整度之间的关系。

车辆轮轴动荷载测量仪(发明专利号:ZL 2014 1 0313740.0)是提供一种能实时检测车辆轮轴振动特征的仪器,如图 3-1 所示。通过制作加长的汽车轮胎紧固螺栓,替换试验车辆轮胎原有紧固螺栓,安装轴承形成不随车辆轮胎转动的安装平台,在该平台上安装加速度传感器,实现振动加速度的信号采集;在该平台上安装编码器,实现速度的信号采集量。编制程序,采集数据,将加速度信号转化为振动加速度,再转化为车轴振动荷载,将编码器信号转换为车辆速度信号,从而可以实现车辆速度和车轴动荷载的实时关联测量,结构如图 3-2 所示。

车辆轮轴动荷载测量仪实现了车轴动荷载的时域特征的监测,解决了现有技术中存在的问题,实现车辆轮轴振动时域特征和车速的实时监控,车轴振动特征和车辆速度的关联测量,也可以分析车轴振动特征和路面平整度的相关性。

由于该仪器连接电脑,需要的网线较长,操作不方便,后经对该仪器进行了改进,改为无线通信模式,组成原理如图 3-3 所示。

系统采用 MPU6050 加速度传感器检测车体的三轴加速度,采用 GPS 模块检测车辆的行驶速度。单片机 A 通过 IIC 总线读取 MPU6050 检测到的加速度,然后将数据打包加密通过 2.4G 无线通信向外发送。单片机 B 接收到无线数据进行解包得到三轴加速度,通过串口通信读取 GPS 模块测得的行驶速度。最终,单片机 B 将收集的三轴加速度和行驶速度通过串口通信发送到电脑终端。

图3-1　车辆轮轴动荷载测量仪

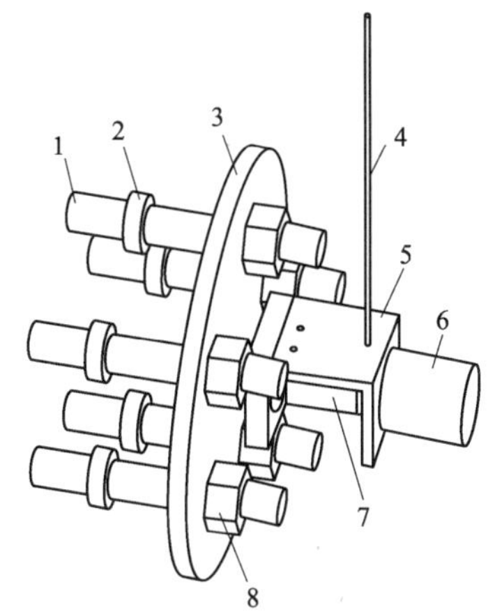

图3-2　动荷载测量仪构成

1-加长螺杆；2-凸台；3-旋转平台；4-固定杆；5-安装平台；6-编码器；7-联轴器；8-第一螺母

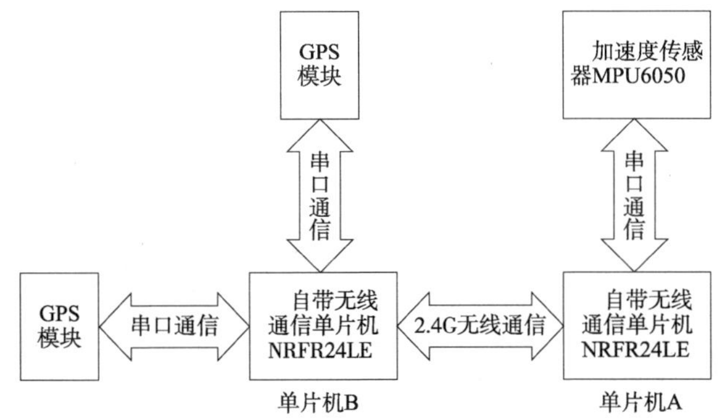

图3-3　无线通信车辆轮轴动荷载测量仪系统组成

改进后的车辆轮轴动荷载测量仪具有以下优点：

(1)加速度检测采用16位高精度数字式加速度传感器，相比以往模拟式传感器具有更高的精度、稳定性和抗干扰能力。

(2)加速度检测端与车速检测端之间采用无线通信，加速度检测端可以灵活布置。

(3)车速检测采用GPS模块，相比以往编码器测速更精确简便，省去了复杂的机械结构。

(4)单片机采用自带2.4G通信模块的单片机NRF24LE1，电路更加紧凑，稳定性抗干扰能力更强。

3.3 车辆轮轴振动测试

3.3.1 试验道路

选择济南地区低等级公路和高速公路作为试验道路。低等级道路选择新建济南长清至孝里三级公路长孝段,高等级公路选择济南绕城高速公路,两条道路面层均为沥青混凝土路面。

3.3.2 平整度测试

低等级公路采用连续式平整度测量仪,高等级公路采用激光平整度测量仪进行测量。如图 3-4 所示。

试验测试了长孝段和济南绕城高速公路崮山收费站至济南南段的路面平整度指数。路面平整度标准差检测结果:长孝段 1.2mm;高速公路国际平整度指数 IRI 平均值:1.40m/km。如图 3-5、图 3-6 所示。

图 3-4　连续式平整度仪进行平整度测量

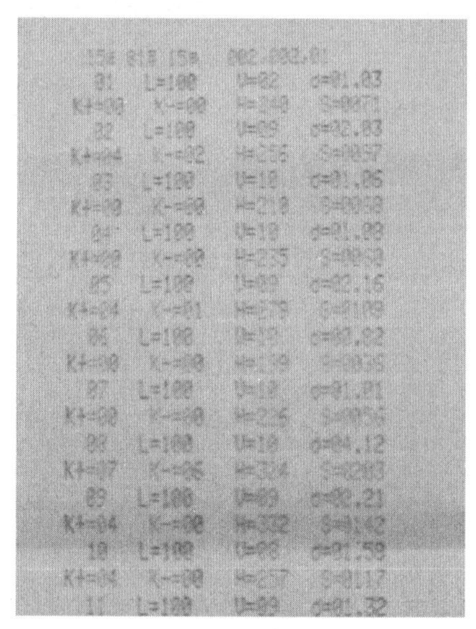

图 3-5　连续式平整度仪测试结果

对平整度指标 IRI 和 σ 之间的关系,多位学者进行了研究,得出的结论也基本一致,在此取 $\sigma=0.6\mathrm{IRI}$[22-24],因此低等级道路的路面平整度方差为 1.2mm,高速公路路面平整度方差为 0.84mm。

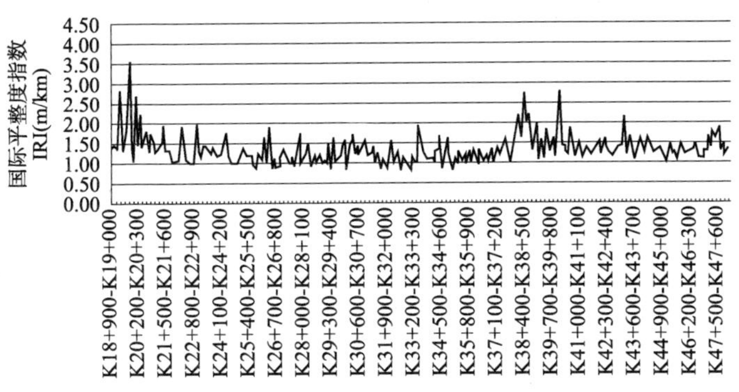

图 3-6　激光平整度仪测试结果

3.3.3 试验车辆

选择小型货车和重型货车作为测试车辆，如图 3-7 所示。在以上两车后轴上安装车辆轮轴振动测试仪，分别在低等级公路和高速公路上完成不同车速条件下车辆轮轴振动测试，小型货车和大型货车分别在空载和满载两种条件下进行试验。小型货车满载时后轴轴重 4t，形式为单轴双轮组，重型货车满载时后轴单轴轴重 10t，形式为三轴双轮组。

a)小型货车

b)重型货车

图 3-7　试验车辆

3.4 轮轴振动时域特征分析

3.4.1 小型货车轮轴振动结果

小型货车分别在高速公路和低等级公路上以不同的速度进行试验，试验时按照空载和满载两种工况分别进行，得到不同车速条件下低等级公路和高等级公路上的车辆轮轴振动时程曲线，如图 3-8 ~ 图 3-11 所示。

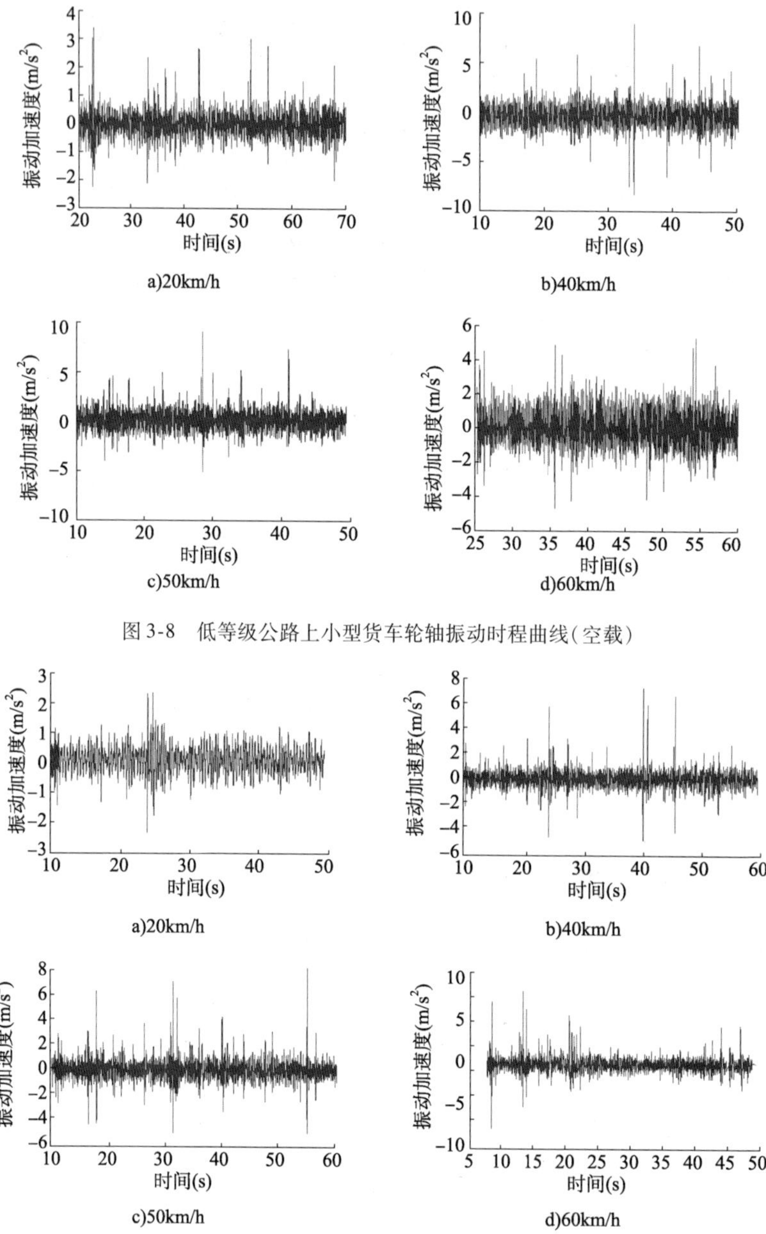

图 3-8　低等级公路上小型货车轮轴振动时程曲线(空载)

图 3-9　低等级公路上小型货车轮轴振动时程曲线(满载)

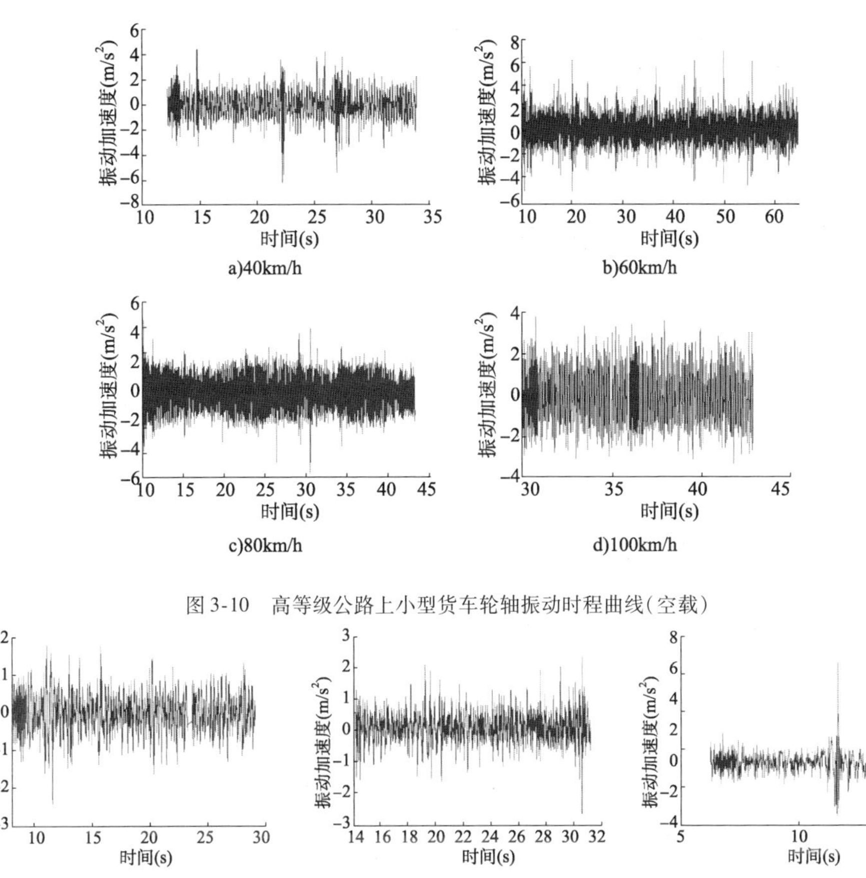

振动加速度(m/s²)
时间(s)
a)40km/h
b)60km/h
c)80km/h
d)100km/h

图3-10　高等级公路上小型货车轮轴振动时程曲线(空载)

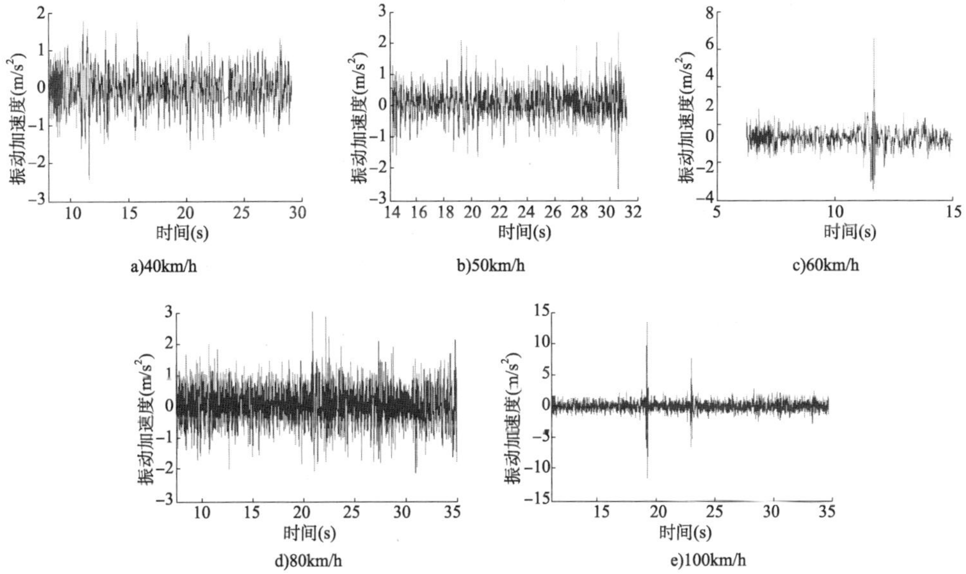

振动加速度(m/s²)
时间(s)
a)40km/h
b)50km/h
c)60km/h
d)80km/h
e)100km/h

图3-11　高等级公路上小型货车轮轴振动时程曲线(满载)

3.4.2　重型货车轮轴振动结果

同样,重型货车分别在高速公路和低等级公路上以不同的速度进行试验,试验时按照空载和满载两种工况进行,得到不同车速条件下低等级公路和高等级公路上的车辆轮轴振动时程曲线。如图 3-12 ~ 图 3-15 所示。

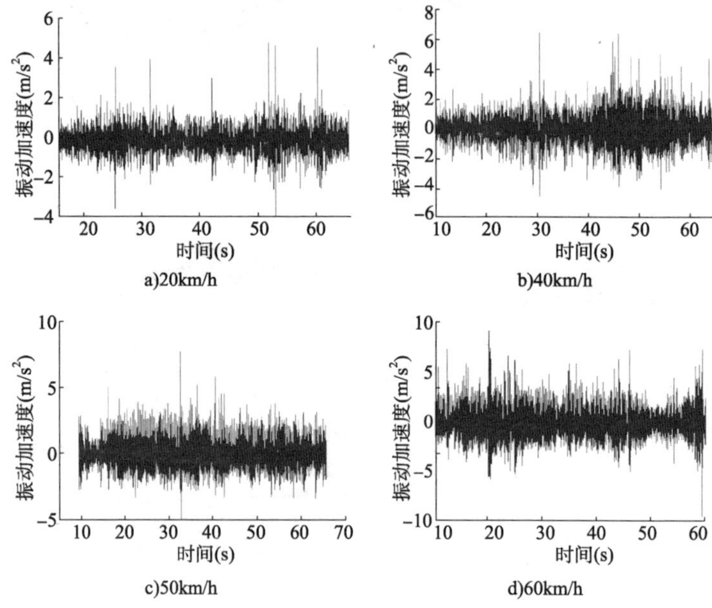

图 3-12 低等级公路上重型货车轮轴振动时程曲线(空载)

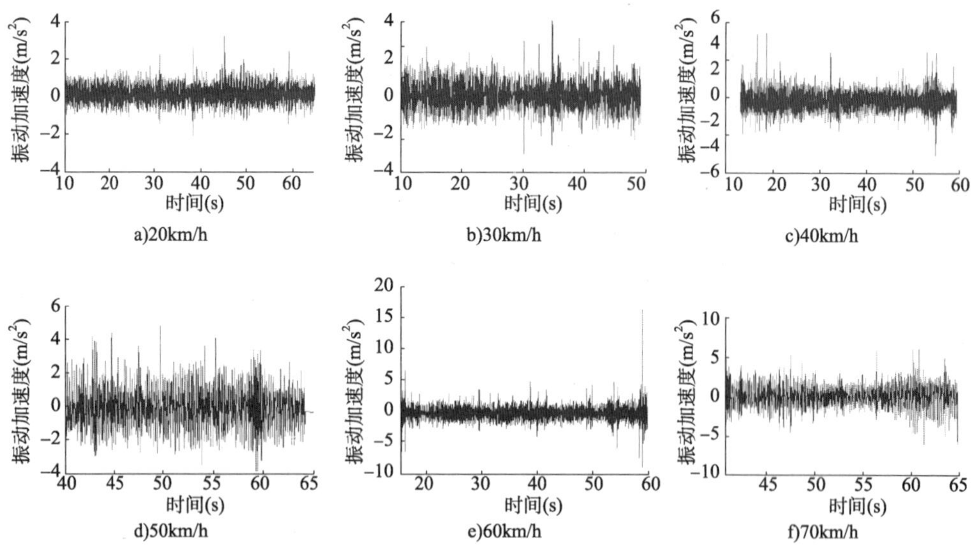

图 3-13 低等级公路上重型货车轮轴振动时程曲线(满载)

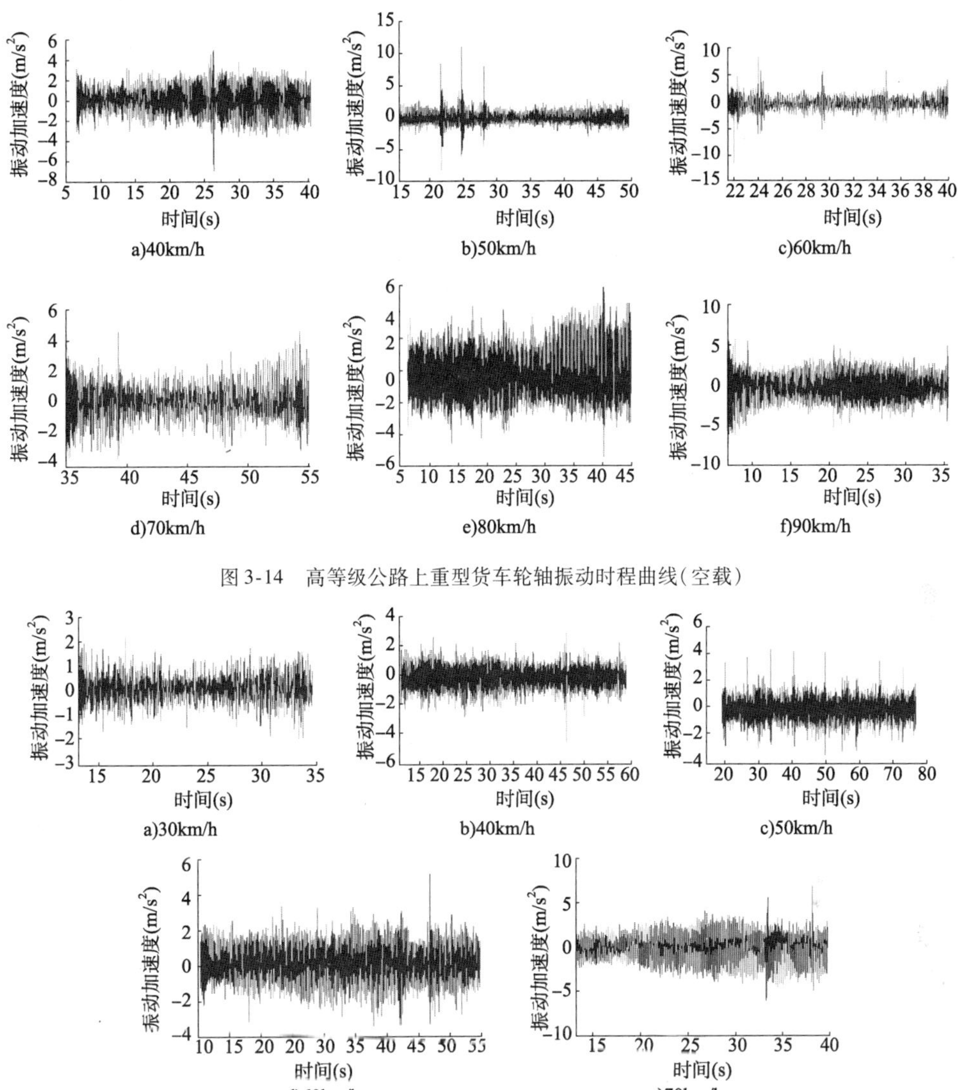

图3-14　高等级公路上重型货车轮轴振动时程曲线(空载)

图3-15　高等级公路上重型货车轮轴振动时程曲线(满载)

3.4.3　振动加速度标准差分析

1)车辆振动加速度标准差的概念

从统计意义上讲,车辆轮轴振动正负的概率相等,则竖向振动加速度均值为零,其标准差就等于均方值,标准差大小反映了车辆轮轴振动加速度的大小,也是车辆作用于路面动荷载的直接反映。

2)不同车型的振动加速度标准差对比分析

由于车辆悬架、轮胎、装载质量的不同,车辆在行驶过程中受路面不平度激励所表现出的响应不同,车辆轮轴振动特征也不同,分别对高等级公路和低等级公路车辆轮轴振动加速度标准差进行分析,得到小型货车和大型货车车辆轮轴振动加速度标准差对比图。本书以高等级公路为例,如图 3-16、图 3-17 所示。

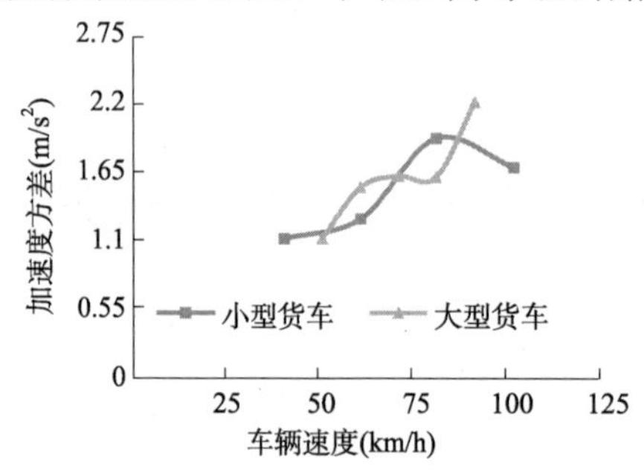

图 3-16　空载时车辆轮轴振动加速度对比

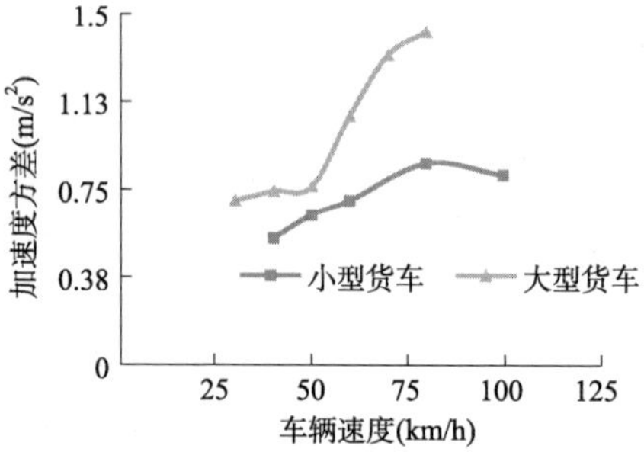

图 3-17　满载时车辆轮轴振动加速度对比

从以上两图可以看出:小型货车和大型货车在车辆轮轴振动加速度标准差都随着车速的增加而增加;空载时两者大小相近,满载时小型货车振动加速度标准差明显小于大型货车。

3)不同装载情况下的振动加速度

车辆的装载质量对车辆作用于路面的动荷载大小有明显的影响,分别对满载和空载车辆轮轴振动加速度标准差进行分析得到两种情况下对比图。本书以高等级公路为例,如图 3-18、图 3-19 所示。

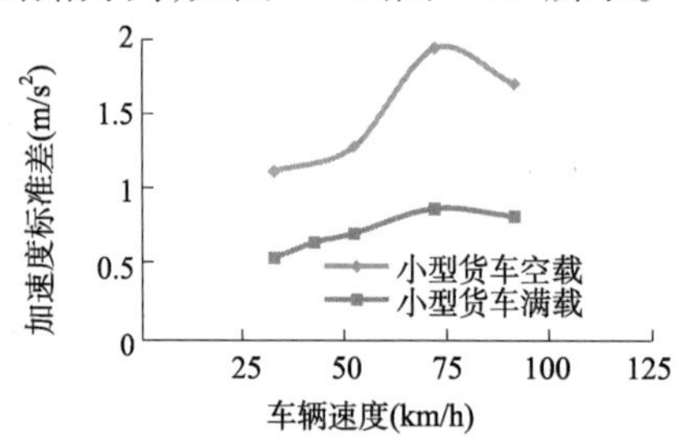

图 3-18　小型货车空载、满载对比图

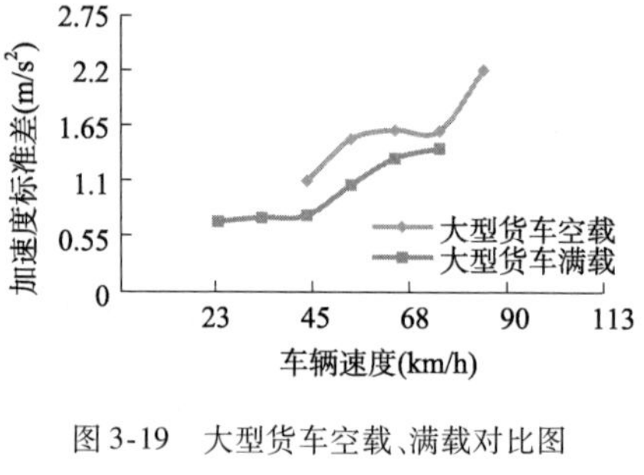

图 3-19　大型货车空载、满载对比图

从以上两图可以看出,车辆装载质量对车辆轮轴振动加速度影响较大。满载时的振动加速度标准差明显小于空载时的加速度标准差,但由于装载质量的增加,车辆动荷载一般情况下也会增加,这一点在第二章中进行过分析。

4)路面平整度对车辆轮轴振动特征的影响

公路等级越高,路面平整度越好。为了分析路面平整度对车辆振动的影响,分别对高等级公路和低等级公路上的车辆轮轴振动加速度标准差进行分析,得到两种情况下标准差对比图。本书以小型货车为例,如图 3-20、图 3-21 所示。

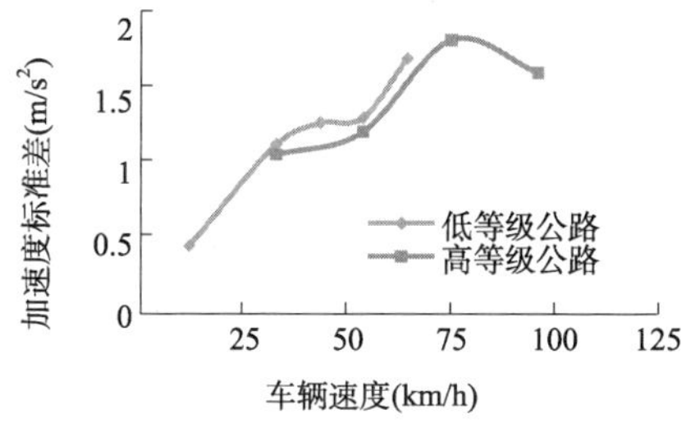

图 3-20　空载高、低等级公路对比图

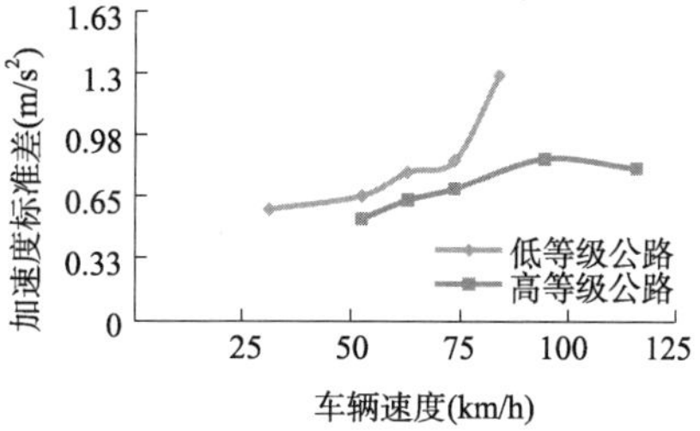

图 3-21　满载高、低等级公路对比图

从图 3-20 可以看出,小型货车空载时振动加速度标准差比较接近,路面平整度对其影响不大;从图 3-21 可以看出,满载时,路面平整度对小型货车的竖向振动加速影响较大。从以上两图可以看出,公路等级越高,平整度越好,振动加速度标准差就越小。

3.5　车辆轮轴振动加速度频域分析原理

功率谱密度的估计方法主要有周期图法、自相关函数法和 Burg 法,本书采用自相关函数法。根据维纳—辛钦定理,平稳信号的自相关函数和功率谱密度互为傅里叶变换对,表达式如下:

$$S(\omega) = \int_{-\infty}^{+\infty} r(\tau) e^{-j\omega\tau} d\tau \quad (-\infty < \omega < +\infty) \tag{3-3}$$

$$r(\tau) = \int_{-\omega}^{+\infty} S(\omega) e^{-j\omega\tau} d\omega \quad (-\infty < \omega < +\infty) \tag{3-4}$$

其中,$S(\omega)$为信号功率谱密度函数,$r(\tau)$为信号自相关函数。根据式(3-3)、式(3-4),只要能计算得到信号的自相关函数,经过傅里叶变换后就可以计算出信号的功率谱密度。本章采用 MATLAB 编制了计算程序,对采集到的车辆轮轴振动加速度信号进行自相关函数的计算,经过傅里叶变换后得到竖向振动加速度的功率谱密度。

3.6　车辆轮轴振动加速度功率谱密度

小型货车和重型货车分别在高等级公路和低等级公路上以不同的速度进行试

验，试验时按照空载和满载两种工况分别进行试验，得到低等级公路和高等级公路上的车辆轮轴振动时程曲线，将以上车辆轮轴振动数据进行自相关函数计算，然后进行傅里叶变换，得到其频域曲线。

3.6.1 空载小型货车振动处理结果

按照上述试验方法，将采集到的空载小型货车后轴竖向振动加速度时域信号进行处理，得到频域曲线。以高速公路为例，车速分别为 40km/h、60km/h、80km/h 和 100km/h 时的小型货车后轴振动频域曲线，如图 3-22 所示。

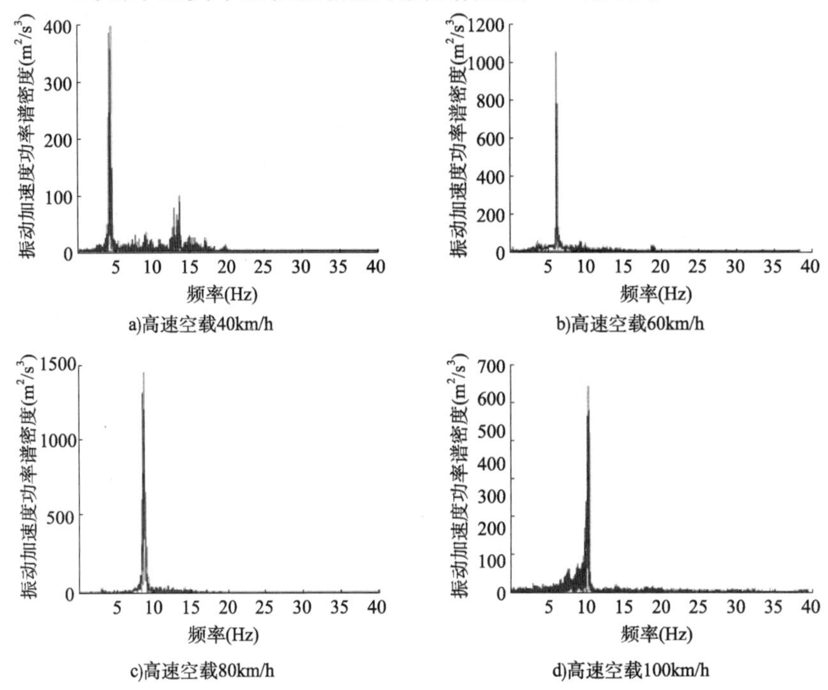

图 3-22 空载小型货车轮轴振动频域曲线

从以上 4 图可以看出，车速为 40km/h 时，车辆轮轴共振频率为 5Hz；车速为 60km/h 时，车辆轮轴共振频率为 7Hz。随着车速的增加，共振频率也在增加，当车速达到 100Km/h 时，共振频率为 10Hz 左右。

3.6.2 满载小型货车振动处理结果

同样，按照上述试验方法，将采集到的满载小型货车后轴竖向振动加速度时域信号进行处理，得到频域曲线。以高速公路为例，车速分别为 40km/h、50km/h、60km/h、70km/h、80km/h 和 100km/h 时的频域曲线，如图 3-23 所示。

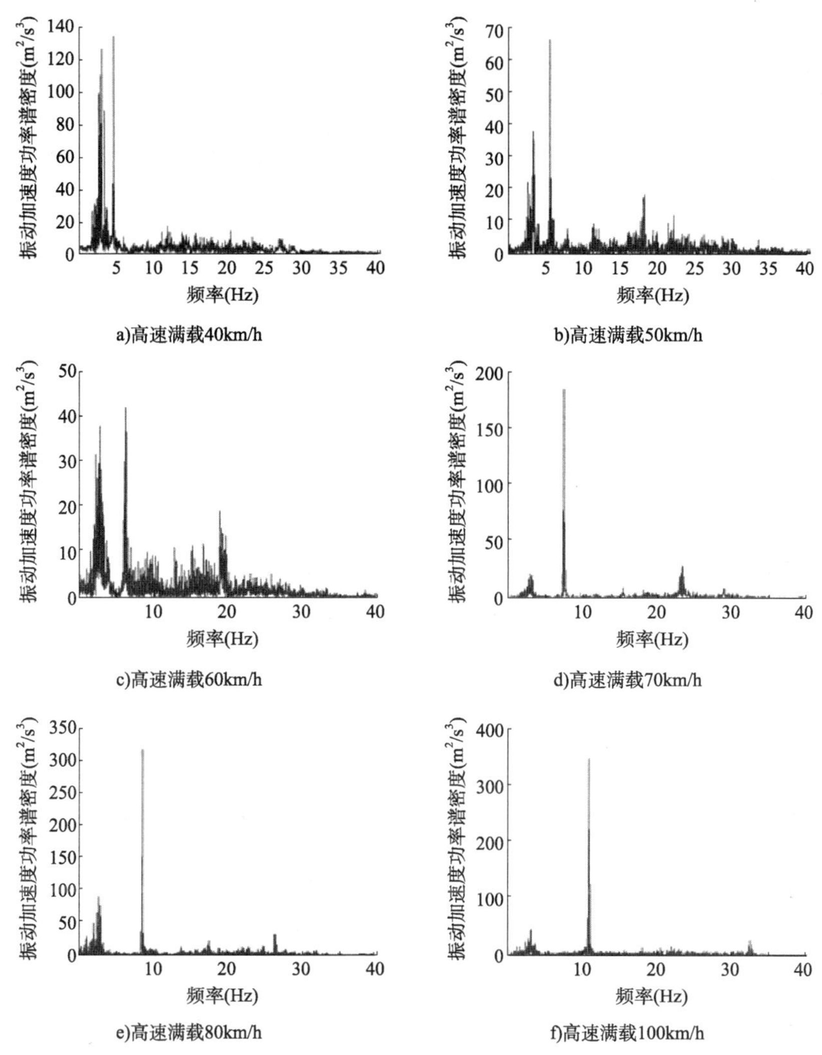

图3-23　满载货车轮轴振动频域曲线

从以上6图可以看出，满载小型货车在车速较低时，车辆轮轴出现2个共振频率，分别为2.5Hz（低频）和4～5Hz（高频）。随着车速的增加，低频共振现象逐渐减弱，高频共振现象仍然存在，而且共振频率出现增高的趋势，70km/h时达到8Hz，80km/h达到9Hz，100km/h时，低频共振现象几乎消失，高频在12Hz左右出现共振。

3.6.3　重型货车空载轮轴振动处理结果

同样，按照上述试验方法，将采集到的空载重型货车后轴竖向振动加速度时域信号进行处理,得到频域曲线。以高速公路为例,车速分别为 40km/h、50km/h、60km/h、70km/h、80km/h 和 90km/h 时的轮轴振动频域曲线,如图 3-24 所示。

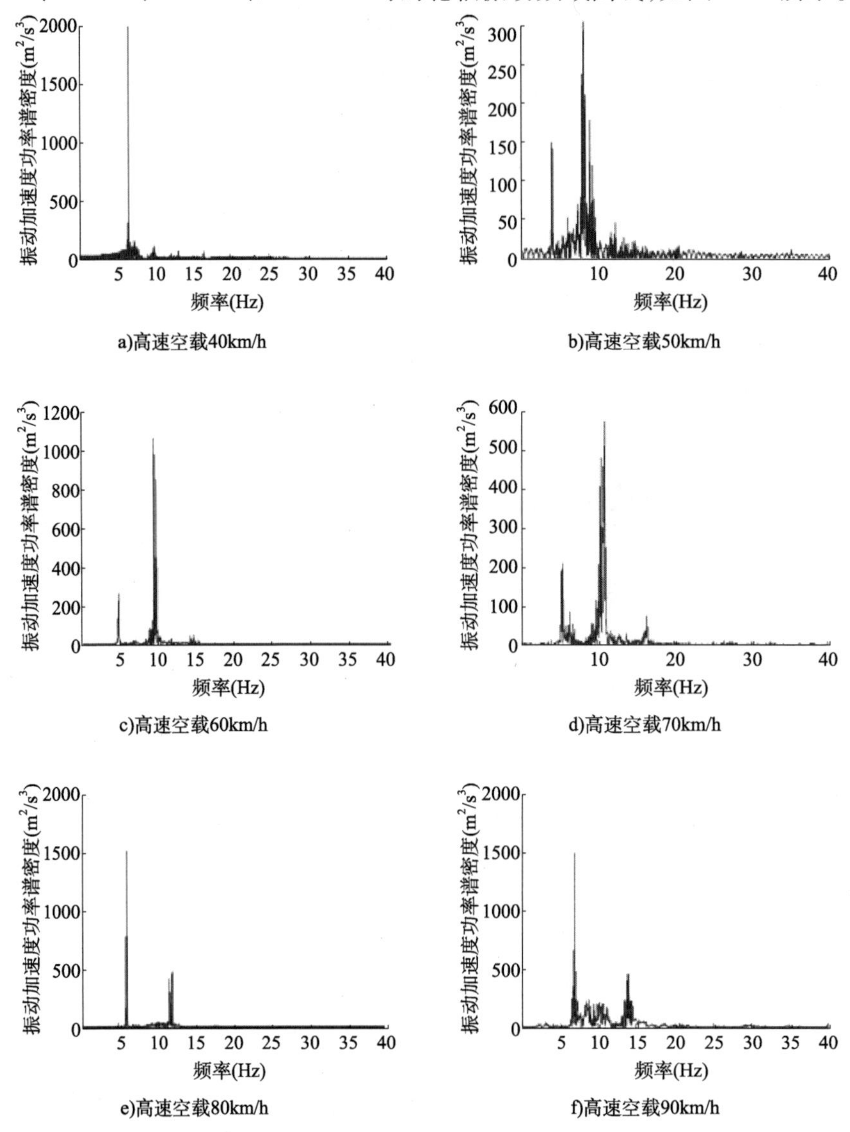

图 3-24 重载货车空载振动频域曲线

由以上 6 图可以看出,车速较低时共振频率为 7Hz,随着车速的增加。共振频率增加,70km/h 时,达到 12Hz,振幅最大;80km/h 时,达到 13Hz;90km/h 时,达到 14Hz,但振幅减小。速度为 50km/h 以上时,共振频率出现 2 个,大约为 5Hz 和

10Hz。随着车速的增加,共振频率也在增加。

3.6.4 重型货车满载轮轴振动处理结果

同样,按照上述试验方法,将采集到的满载重型货车后轴竖向振动加速度时域信号进行处理,得到频域曲线。以高速公路为例,车速分别为 40km/h、60km/h、80km/h 和 100km/h 时的轮轴振动时域和频域曲线,如图 3-25 所示。

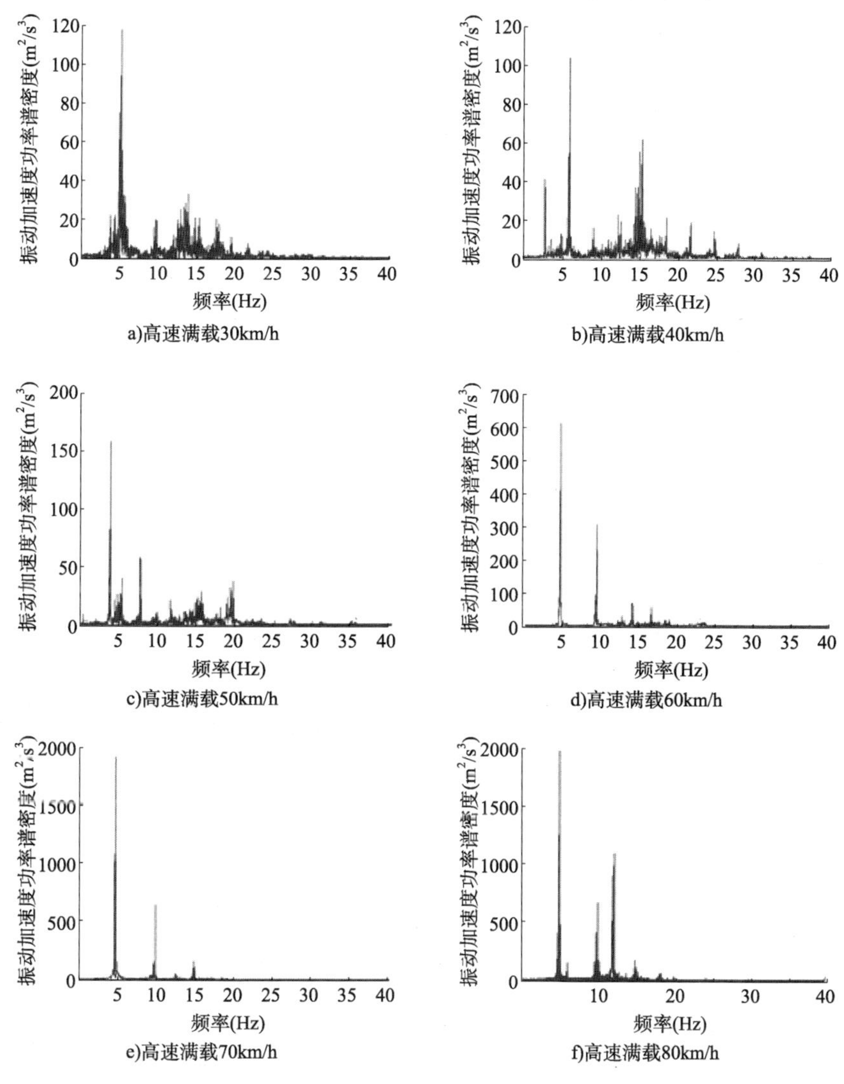

图 3-25 重型货车满载振动频域曲线图

从以上6图可以看出,满载重型货车低速时共振频率较多,但主要的共振频率在5Hz。随着车速的增加,主共振频率略有增加,其他的共振频率在10Hz左右。

3.7 基于车辆轮轴竖向振动现场试验的当量轴载换算分析

3.7.1 车辆振动加速度均方值

在第二章已经指出,从统计意义上讲,车辆轮轴振动正负的概率相等,则竖向振动加速度均值为零,其标准方差就等于均方值,均方值大小反映了车辆轮轴振动加速度的大小,也是车辆作用于路面动荷载的直接反映。将不同情况下的车辆轮轴竖向振动加速度均方值进行统计,见表3-1。

不同情况下车辆轮轴竖向振动加速度均方值(m/s^2)　　表3-1

公路等级	车辆速度(km/h)	重型货车空载	重型货车满载	小型货车空载	小型货车满载
二级公路	70	1.65	1.53	1.77	1.30
	60	1.63	1.12	1.36	0.85
	50	1.24	1.03	1.32	0.79
	40	1.22	0.96	1.17	0.66
高速公路	100	1.89	—	1.90	0.86
	80	1.59	1.42	1.67	0.81
	60	1.51	1.06	1.26	0.70

注:重型货车满载情况下车速无法达到100km/h。

3.7.2 标准轴载当量轴次增长率计算与分析

在第二章,已经指出,汽车竖向振动响应基本上符合零均值的正态分布,按照正态分布的标准,可以求得车辆振动加速度分布在某范围内的概率,见表2-7。按照第二章中当量轴次增长率计算的基本原理,计算出考虑动荷载后的标准当量轴次和考虑动荷载后的当量轴次增长率,见表3-2。由于空载车辆轴重较轻,在此不计算空载车辆的作用。

不同公路等级和车速下当量轴次增长率　　表3-2

公路等级	车辆速度(km/h)	当量轴次增长率(%)	
		重型货车	小型货车
低等级公路	70	17.3	12.5
	60	9.2	5.3
	50	7.5	4.6

续上表

公路等级	车辆速度(km/h)	当量轴次增长率(%)	
		重型货车	小型货车
高等级公路	40	6.8	3.2
	100	—	5.4
	80	14.9	4.8
	60	8.3	3.6

注：满载重型货车车速无法达到100km/h。

从表3-2数据可以看出，计入动荷载后重型货车和小型货车当量轴次有不同程度的增长，高等级公路上重型货车增长8.3%～14.9%，小型货车增长3.6%～5.4%；低等级公路上重型货车当量轴次增长6.8%～17.3%，小型货车增长3.2%～12.5%。

我国沥青路面设计规范还规定当以半刚性基层层底拉应力为验算指标时，轴载换算公式为：

$$N' = \sum_{i=1}^{k} c'_{1i} c'_{2i} n'_i \left(\frac{p_i}{P} \right)^8 \tag{3-5}$$

采用同样的方法，对式(3-5)代表的情况进行计算，累计当量轴次增长率见表3-3。

不同公路等级和车速下当量轴次增长率　　表3-3

公路等级	车辆速度(km/h)	当量轴次增长率(%)	
		重型货车	小型货车
低等级公路	70	77.1	53.2
	60	38.3	21.2
	50	31.9	18.2
高等级公路	40	27.5	12.6
	100	—	21.8
	80	64.9	19.2
	60	34.2	14.2

从表3-3的数据可以看出，沥青路面进行半刚性基层拉应力验算时，计入动荷载后重型货车和小型货车当量轴次有不同程度的增长，高等级公路上重型货车增长34.2%～64.9%，小型货车增长14.2%～21.8%；低等级公路上重型货车当量轴次增长27.5%～77.1%，小型货车增长12.6%～53.2%。

3.8 本章小结

通过现场实测车辆轮轴振动加速度,分析了振动加速度标准差的意义,从而给出了车辆轮轴振动加速度特征。利用自主研发的车辆现场试验研究,现场实测低等级公路和高等级公路车辆轮轴振动时程曲线,经傅里叶变换分析其频域特征。通过现场实测车辆轮轴振动加速度,分析了振动加速度均方值的意义,给出了车辆轮轴竖向振动加速度大小及分布概率,计算出了计入动荷载后的车辆轮轴当量轴次增长率。得到的主要结论有:

(1)对于小型货车和大型货车,车辆轮轴振动加速度标准差都随着车速的增加而增加;空载时两者标准差大小相近,满载时小型货车振动加速度标准差明显小于大型货车。车辆装载质量对车辆轮轴振动加速度影响较大。满载时的振动加速度标准差明显小于空载时的加速度标准差。平整度对车辆振动加速度有一定的影响,当车辆空载时影响较小,车辆满载时影响较大。

(2)空载小型货车低速时轮轴共振频率为4~5Hz,随着车速的增加,共振频率也在增加,当车速达到100km/h时,共振频率为10Hz左右。低速行驶时,满载小型货车辆轮轴出现2个共振频率,分别为2.5Hz(低频)和4~5Hz(高频)。随着车速的增加,低频共振现象逐渐减弱,高频共振现象仍然存在,而且频率出现变高的趋势,当达到100km/h时,低频共振现象几乎消失,高频在12Hz左右出现共振。

(3)空载重型货车车速较低时共振频率为7Hz。随着车速的增加,共振频率也增加,当70km/h时,达到12Hz,振幅最大;当80km/h时,达到13Hz;当90km/h时,达到14Hz,但振幅减小。速度在50km/h时,共振频率2个,大约为5Hz和10Hz。满载重型货车低速时共振频率较多,但主要的共振频率为5Hz。随着车速的增加,主共振频率略有增加,其他共振频率为10~14Hz。

(4)重型货车共振频率有2个,分别为5Hz和10~14Hz。因此在进行路面材料试验时加载频率应主要分析5Hz和10~14Hz。

(5)考虑动荷载的影响后,应对现有的标准当量轴次计算方法进行修正。以设计弯沉值和沥青面层层底拉应力为指标时,高等级公路上重型货车提高8.3%~14.9%,小型货车提高3.6%~5.4%;低等级公路上重型货车当量轴次提高6.8%~17.3%,小型货车提高3.2%~12.5%;以半刚性基层层底拉应力为验算指标时,高等级公路上重型货车提高34.2%~64.9%,小型货车提高14.2%~21.8%;低等级公路上重型货车当量轴次提高27.5%~77.1%,小型货车提高12.6%~53.2%。

本章参考文献

[1] 牛玺荣,韩萍,张晓燕. 车轮荷载下路基和基底竖向应力计算[J]. 长安大学学报(自然科学版),2011,31(1):26-30.

[2] 陈一锴,何杰,彭佳,等. 基于动载模拟的半刚性沥青路面响应分析[J]. 东南大学学报(自然科学版),2010,40(3):593-598.

[3] Blab R, Harvey J T. Modeling measured 3D tire contact stresses in a viscoelastic pavement model[J]. The international journal of geomechanics, 2002, 2(3): 271-290.

[4] 单景松,黄晓明,廖公云. 移动荷载下路面结构应力响应分析[J]. 公路交通科技,2007,24(1):10-13.

[5] 吕彭民,董忠红. 车辆—沥青路面系统力学分析[M]. 北京:人民交通出版社,2010.

[6] 刘大维,李国政,陈焕明,等. 车辆随机动载作用下路面动态响应研究[J]. 农业机械学报,2011,42(2):28-32.

[7] 钟阳,王哲人,张肖宁. 不平整路面上行驶的车辆对路面随机动压力的分析[J]. 中国公路学报,1992,5(2):41-43.

[8] 黄晓明. 路面动荷载与路面平整度关系的随机分析[J]. 东南大学学报,1993,23(1):56-61.

[9] 孙璐,邓学均. 车辆—路面相互作用产生的动力荷载[J]. 东南大学学报,1996,26(5):142-145.

[10] 邓学钧. 车辆地面结构系统动力学研究[J]. 东南大学学报(自然科学版),2002,32(3):474-479.

[11] 姚时音,孙仁云. 基于七自由度车辆模型的稳定性仿真研究[J]. 西华大学学报(自然科学版),2008,27(2):58-61.

[12] 张洪亮,胡长顺. 基于五自由度车辆模型的桥头搭板容许纵坡变化值研究[J]. 土木工程学报,2005,38(6):125-130.

[13] 宋一凡,陈榕峰. 基于路面不平整度的车辆振动响应分析方法[J]. 交通运输工程学报,2007,7(4):39-43.

[14] 郑仲浪,吕彭民. 多轴大货车对路面的动作用力研究[J]. 郑州大学学报(工学版),2009,30(4):44-47.

[15] 张洪亮,杨万桥. 基于人—车—路五自由度振动模型的路面平整度评价方法

[J].交通运输工程学报,2010,10(4):16-22.

[16] Dodds C. J. ,Robson J. D. The description of road surface roughness[J]. Journal of sound and vibration,1973,31(2):175-183.

[17] Todd K. B. ,Kulakowski B. T. ,Simple computer models for predicting ride quality and pavement loading for heavy trucks [J]. Transportation Research Record, 1987:137-150.

[18] Hunt H E. Modeling of road vehicles for calculation of traffic-induced ground vibration as a random process[J]. Journal of Sound and Vibration,1991,44(1): 41-51.

[19] Hunt H E. Stochastic modeling of traffic-inducedground vibration[J]. Journal of Sound and Vibration,1991,144(1):53-70.

[20] Watts,G. R. The generation and propagation of vibration in various soils produced by dynamic loading of road pavement[J]. Journal of Sound and Vibration,1992, 156(2):191-206.

[21] Watts,G. R. ,Krylov V. V. Ground-borne vibration generated by vehicles crossing road humps and speed control cushions[J]. Applied Acoustics,2000,59(3):221-236.

[22] 葛剑敏,郑联珠.路面特性对车辆振动影响规律研究[J].中国公路学报,2004,17(3):117-121.

[23] 周晓青,孙立军.国际平整度指数与行驶车速的关系[J].同济大学学报(自然科学版),2005,33(10):1323-1327.

[24] 吴庆雄,陈宝春,奚灵智.路面平整度 PSD 和 IRI 评价方法比较[J].交通运输工程学报,2008,8(1):36-40.

第4章　模拟车辆动荷载作用下沥青路面动态响应研究

我国沥青路面设计规范采用静荷载,这和实际路面受力状态存在较大差别。研究路面动荷载作用下沥青路面结构内部的应力应变状态变化是研究车辆—路面相互作用的重要内容,对于研究沥青路面疲劳破坏有着重要意义。目前多数学者采用仿真方法研究动荷载作用下沥青路面的动态响应,罗辉[1](2007)等依据结构动力理论,建立有限元模型,对沥青路面结构受动荷载作用下的响应进行了研究。陈一锴[2](2012)利用ADAMS建立四轴重型货车—路面模型,计算出轮胎的动荷载;利用ANSYS建立有限元模型,将动荷载施加于沥青路面模型上,对路面疲劳破坏寿命进行预测和比较。黄兵[3](2013)利用ABAQUS,建立了沥青路面结构三维有限元模型,研究了路面结构参数对动态响应的影响规律,并对结构参数进行了动荷载响应敏感性分析。Hao[4](2007)等人将面层材料视作黏弹性材料,其表征参数为松弛模量,利用有限元研究了动荷载作用时间不同的情况下的沥青混凝土路面的动态响应规律。这些研究都是通过有限元模型仿真分析得到的,与真实路面相比存在一定的差距。现场试验是研究路面动态响应的最好手段,著名的AASHTO试验路结果至今仍然是许多路基路面设计理论的基础,杨永顺[5](2010)通过在试验路埋设应变仪、温度场传感器等路面响应监测设备,采集了荷载和环境因素作用下不同路面结构沥青层底动态应变响应,分析了动态应变响应特征和应变响应与路面温度、轴载的关系,比较了不同结构的沥青层底最大应变值,构建了路面结构沥青层底应变响应预估模型。中南大学王暄[6](2006)在常德—张家界公路上选择了4个断面,分别在路基和路面内部埋设了应变传感器,采用动态测试仪器对重型货车空载、满载和超载情况下通过试验地点后的路面内部应变响应进行数据采集与分析。进行大规模的现场试验耗资巨大,更加真实模拟路面实际受力状态的加速加载试验就应运而生。加速加载试验在国外起步较早,很多学者从多方面采用加速加载试验对沥青路面疲劳破坏进行了研究,由于加速加载设备数量的限制,国内仅有少部分学者采用加速加载设备对沥青路面的疲劳性能进行研究,但加速加载设备耗资巨大,加载周期长[7-10]。

大型多功能MTS试验机可模拟车辆运动荷载,并且可以将荷载直接施加在室内修筑的路面模型上,实现路面结构的动态响应试验和快速疲劳破坏试验。这种试验方法具有加载速度快、试验费用低、周期短的特点。由于国内大型 MTS 设备数量很少,多数用来进行结构工程的试验研究,用来进行路面结构动态响应和疲劳试验国内还未开展。利用大型 MTS 模拟车辆动荷载进行路面结构疲劳破坏试验是高效、经济、合理的试验方法。

4.1 路面结构模型

4.1.1 路面结构试验方案

为了加快试验速度,路面结构方案需要设计较薄的面层结构,因此仅设计一层面层,材料为 AC-13。为了在面层层底安装应变传感器,面层厚度又不宜太薄,试验方案设计了 4 种路面结构,见表 4-1。

路 面 结 构　　表 4-1

路面结构	结　构　一	结　构　二	结　构　三	结　构　四
面层	8cm AC-13	6cm AC-13	6cm AC-13	6cm AC-13
基层	20cm 水泥稳定碎石	20cm 水泥稳定碎石	20cm 二灰土	30cm 级配碎石
底基层	20cm 石灰土	20cm 石灰土	20cm 石灰土	—
路基	黏土	黏土	黏土	黏土

4.1.2 组合式模型箱加工制作

1)组合模型箱加工与制作

绘制组合式模型箱模型图纸,加工制作模型箱,模型箱尺寸为 2m × 1.5m × 1.8m(长 × 宽 × 高)。为了今后吊装方便,模型箱底板采用热压槽钢,组合底板长度和宽度均大于模型箱尺寸。如图 4-1 所示。

2)路基施工

选择当地黏性土作为填料,进行击实试验,获得最佳含水率 11.2% 和最大干密度 2.01g/cm^3,采用液塑限联合测定仪,得到塑性指数为 14。受尺寸限制,模型箱内无法采用压路机,因而采用平板振动器进行施工,每层厚度填 15cm,多次振动夯击,直至无法进一步压缩为止。经灌砂法压实度检测,压实度可达 93% 以上,满足我国路基设计规范中零填的标准,施工过程如图 4-2 所示。

a)底板加工

b)现场组合

图 4-1　组合模型箱制作

图 4-2　模型箱内路基施工

4.1.3　基层配合比设计

1)石灰土底基层配合比设计

在满足设计强度的基础上限制石灰用量,采用内掺法,试定表 4-2 所列 5 组配合比。

石灰土配合比　　表 4-2

编　　号	石灰:土	编　　号	石灰:土
1	8.0:92.0	4	12.0:88.0
2	10.0:90.0	5	14.0:86.0
3	11.0:89.0		

试验采用重型击实法,击实筒的规格为 $\phi100\times127$mm,击实层数 5 层,锤击次数为 27 次/层。对以上 5 种配合比进行标准击实试验,由平行试验得出最大干密度和最佳含水率,见表 4-3。制备试件,进行 7d 无侧限抗压强度试验,试验结果见表 4-4。

最大干密度与最佳含水率　　表 4-3

序　　号	比　　例	最大干密度(g/cm^3)	最佳含水率(%)
1	8.0:92.0	1.71	15.8
2	10.0:90.0	1.70	16.9
3	11.0:89.0	1.69	17.3
4	12.0:88.0	1.68	18.6
5	14.0:86.0	1.66	18.9

7d 无侧限抗压强度汇总　　表 4-4

序　　号	配 合 比	平均强度(MPa)	标 准 差
1	8.0:92.0	0.65	0.046
2	10.0:90.0	0.66	0.044
3	11.0:89.0	0.68	0.061
4	12.0:88.0	0.71	0.063
5	14.0:86.0	0.75	0.053

综合以上结果,根据规范要求,考虑到试验的保证率系数及半刚性底基层的干缩、温缩特征,选定配合比为石灰:土 = 12.0:88.0。

2)二灰土基层配合比设计

依据《公路工程无机结合料稳定材料试验规程》(JTG E51—2009),对粉煤灰进行细度、烧失量测定试验,以检测粉煤灰的工程适用性能,测试结果见表 4-5。对化学成分进行检测,测试结果见表 4-6。

粉煤灰细度、烧失量试验结果　　表 4-5

检测项目	单　位	技 术 要 求			检测结果	单项结论
		Ⅰ	Ⅱ	Ⅲ		
细度(45μm 方孔筛筛余)	%	≤12.0	≤25.0	≤45.0	43.45	合格
烧失量	%	≤5.0	≤8.0	≤15.0	2.12	合格

粉煤灰各种成分含量　　表 4-6

品种	Fe_2O_3	CaO	MgO	Al_2O_3
质量(g)	0.025	0.091	0.024	0.1
百分含量(%)	5	16.8	4.8	20

注:粉煤灰总含量为 0.5g。

依据《公路工程无机结合料稳定材料试验规程》(JTG E51—2009)和《水泥细度检验方法筛析法》(GB/T 1345—2005),该粉煤灰所检项目烧失量符合《用于水泥和混凝土中的粉煤灰》(GB 1596—2005)Ⅰ级粉煤灰技术要求,细度符合《用于水泥和混凝土中的粉煤灰》(GB 1596—2005)Ⅲ级粉煤灰技术要求。

根据制备试件的要求,选用 5%、7%、9%、12% 共 4 个石灰剂量,石灰与粉煤灰的比例为 1:3,对以上 4 个不同配合比的混合料分别进行击实试验,获得最佳含水率和最大干密度试验结果,见表 4-7。

二 灰 土 配 合 比　　　　表 4-7

混凝土比例（石灰∶粉煤灰∶土）	最大干密度 ρ_d（g/cm³）	最佳含水率 W_o（%）
5∶15∶80	1.69	13.5
7∶21∶72	1.67	14.3
9∶27∶64	1.64	15.6
12∶36∶52	1.60	16.2

据击实试验所得最佳含水率，制备试件。每种石灰剂量各制备 6 个试件，试件成型后，由塑料袋密封，在标准养护条件养生 6d，再浸水 1d，最后测定其无侧限抗压强度，并计算试件的干密度、压实度、含水率等见表 4-8。

无侧限抗压强度汇总表　　　　表 4-8

检 测 结 果	石灰∶粉煤灰∶土			
	5∶15∶80	7∶21∶72	9∶27∶64	12∶36∶52
试件干密度（g/cm³）	1.64	1.64	1.62	1.57
试件压实度（%）	97.0	98.2	98.8	98.1
含水率（%）	16.7	17.8	18.5	18.9
抗压平均值（MPa）	0.65	0.70	0.77	0.79

根据《公路路面基层施工技术规范》，确定该二灰土混合料的施工配合比为石灰∶粉煤灰∶土 =7∶21∶72。

3）水泥稳定碎石基层配合比设计

依据《公路工程水泥及水泥混凝土试验规程》（JTG E30—2005），对水泥进行细度、标准稠度用水量、凝结时间、安定性以及胶砂强度试验，试验结果见表 4-9。

PC32.5 水泥性能试验　　　　表 4-9

序号	检 测 项 目		单位	检测结果	PC32.5 技术要求	单项结论
1	标准稠度用水量		%	28.6	—	—
2	凝结时间	初凝时间	min	175	≥45	合格
		终凝时间	min	400	≤600	合格
3	安定性		mm	2.5	≤5	合格
4	细度（筛孔径：80μm）		%	1.0	≤10	合格

续上表

序号	检测项目			单位	检测结果	PC32.5技术要求	单项结论
5	水泥胶砂强度	抗折	3d	MPa	3.5	≥2.5	合格
			28d	MPa	8.7	≥5.5	合格
		抗压	3d	MPa	15.5	≥10.0	合格
			28d	MPa	38.6	≥32.5	合格

由表4-9可知，依据《水泥标准稠度用水量、凝结时间、安定性检验方法》(GB/T 1346—2011)、《水泥细度检验方法筛析法》(GB/T 1345—2005)《水泥胶砂强度检验方法(ISO法)》(GB/T 17671—1999)，该复合硅酸盐水泥所检项目符合《通用硅酸盐水泥》(GB 175—2007)PC32.5技术要求。

按照《公路路面基层施工技术规范》(JTG 034—2000)规定的技术要求进行配合比设计，以《公路工程无机结合料稳定材料试验规程》(JTG E51—2009)规定的方法，对不同的配合比进行无侧限抗压强度、劈裂强度试验，确定最佳水泥剂量和最佳配合比。

试件制备和养生按《公路工程无机结合料稳定材料试验规程》(JTG E51—2009)规定的方法成型。

(1)集料筛分

集料筛分试验结果见表4-10。

材料筛分试验结果(单位:g) 表4-10

规格筛孔(mm)	0~3mm	3~5mm	5~10mm	10~20mm	20~30mm
26.5	0	0	0	0	900
19	0	0	0	16	1050
9.5	0	0	63	1753	50
4.75	38	80	1774	227	0
2.36	999	1810	160	0	0
0.6	766	972	1	0	0
0.075	75	47	2	0	0
底	40	0	0	0	0

(2)混合料配比

经过配合比调整可得出集料配合比，水泥使用PC32.5级，具体见表4-11。

集料配合比　　表 4-11

粒径(mm)	0～3	3～5	5～10	10～20	20～30
百分比(%)	30	12	16	22	20

(3)击实试验结果

当松散的集料含水较少而处于较干燥状态,集料中空隙较大,在一定的外力作用下,集料空隙中的气体被挤出,密度可以变大,但由于水比较少,结合水膜的厚度较薄,润滑的效果不明显,压实效果并不理想。随着含水率的增加,结合水膜的厚度增加,润滑的效果加强,当达到最佳含水率时,集料最容易发生移动,压实效果最佳,可以达到最大干密度。当含水率继续增加,集料中会出现自由水,击实时会抵消部分击实功,从而使击实效果变差,最大干密度呈现下降趋势。通过对不同水泥剂量的混合料进行击实试验获得最大干密度和最佳含水率,见表 4-12。

不同水泥剂量的水泥稳定碎石击实试验结果　　表 4-12

混合料编号	水泥剂量(%)	最大干密度(g/cm^3)	最佳含水率(%)
1	3.0	2.118	4.8
2	4.0	2.126	4.9
3	5.0	2.203	5.2
4	6.0	2.221	5.3
5	7.0	2.254	5.5

(4)无侧限抗压强度和劈裂强度

水泥稳定碎石混合料的无侧限抗压强度和劈裂强度测试龄期为 7d、28d,测试方法按《公路工程无机结合料稳定材料试验规程》(JTG E51—2009)进行,试验结果见表 4-13 和表 4-14。

不同水泥剂量的水泥稳定碎石无侧限抗压强度　　表 4-13

试验配比编号	水泥剂量(%)	7d 无侧限抗压强度(MPa)	28d 无侧限抗压强度(MPa)
1	3.0	3.9	4.4
2	4.0	4.6	5.8
3	5.0	5.2	6.4
4	6.0	5.9	7.1
5	7.0	7.0	8.6

不同水泥剂量的水泥稳定碎石劈裂强度 表 4-14

试验配比编号	水泥剂量(%)	7d 劈裂强度(MPa)	28d 劈裂强度(MPa)
1	3.0	0.32	0.44
2	4.0	0.41	0.48
3	5.0	0.46	0.51
4	6.0	0.50	0.62
5	7.0	0.53	0.68

根据以上试验数据,参照《公路路面基层施工技术细则》(JTG/T F20—2015),最终确定水泥剂量为5%。

4)级配碎石配合比设计

级配碎石基层试验路根据原材料情况采用了3种规格石灰岩碎石:0~4.75mm、4.75~13.2mm、13.2~26.5mm,质量技术指标见表4-15。

级配碎石基层的集料质量检验结果 表 4-15

试验指标		单位	试验结果	技术要求
压碎值		%	18.5	≤20
针片状含量(mm)	4.75~13.2	%	11.1	≤15
	13.2~26.5	%	10.0	≤15
液限		%	21.2	≤25
塑性指数			3.1	≤4

经过测定集料技术指标、水洗筛分、重型击实等步骤,得到4种集料的施工生产配合比、最大干密度和最佳含水率。原材料筛分与合成级配结果见表4-16,生产配合比结果见表4-17。

级配碎石基层原材料筛分与合成级配结果 表 4-16

规格(mm)	比例(%)	各级料通过下列方孔筛(mm)的质量百分比(%)						
		26.5	19	9.5	4.75	2.36	0.6	0.075
9.5~26.5	47	100	94.2	8.1	4.5	3.1	2.4	1.9
4.75~9.5	21	100	100	65.1	12.4	5.8	3.3	1.8
0~4.75	32	100	100	100	97.7	63.3	27.0	8.6
合成级配		100	97.3	49.5	36.0	22.9	10.5	4.0
要求级配下限		100	90	42	28	18	10	2
要求级配上限		100	100	58	40	30	20	5
要求级配中值		100	95	50	34	24	15	3.5

级配碎石基层生产配合比 表4-17

下列各种规格(方孔筛)集料所占的百分率(%)			最大干密度	最佳含水率
0~4.75mm	4.75~13.2mm	13.m~26.5mm		
22	25	45	2.278	5.0

5)基层施工

由于模型面积较小,无法采用压路机进行施工,故采用小型振动平板夯进行多次夯击。为保证压实质量,每次施工厚度不超过15cm,夯击到无明显压痕为止。对施工后的基层进行压实度检测,压实度均能达到93%以上。图4-3为水泥稳定碎石施工过程,图4-4为级配碎石施工过程。

a)摊铺

b)碾压

图4-3 水泥稳定碎石基层施工过程

a)上料

b)整平压实

图4-4 级配碎石基层施工

4.1.4 面层材料配比设计

1)原材料试验

该试验项目沥青路面面层配合比设计采用普通基质沥青,章丘生产的石灰岩矿粉,济南长清产的石灰岩粗集料,规格分别为10~13 mm、5~10mm、3~ 5mm;细集料为0~3mm石灰岩。

(1)沥青

通过检测沥青的针入度、软化点和延度等指标,该沥青的各项指标均满足《公路沥青路面施工技术规范》(JTG F40—2004)的要求,主要检验结果见表4-18。

沥青主要指标检测结果　　表4-18

检测指标	针入度(0.1mm)	软化点(℃)	10℃延度	TFOT后残留物		
				质量变化(%)	25℃针入度比(%)	10℃延度
规范规定	40~60	≥60	≥20	≤±0.8	≥61	≥6
检验结果	56.2	75.0	38.3	0.30	78.2	25.3
结论	合格	合格	合格	合格	合格	合格

(2)填料

矿粉由石灰岩憎水性石材经磨细而制得,干燥、洁净、无泥土等杂质。主要检验结果见表4-19。

矿粉主要检测指标　　表4-19

材料尺寸	筛孔尺寸(mm)	通过百分率(%)			表观密度(g/cm^3)		
		规范要求	检测结果	结论	规范要求	检测结果	结论
矿粉	0.6	100	100	合格	≥2.5	2.76	合格
	0.15	90~100	92	合格			
	0.075	75~100	83	合格			

(3)集料

通过水洗法进行集料筛分,得到集料的分级筛余数据见表4-20。采用挂篮法进行密度检测,得到毛体积密度和表观密度见表4-21。绘制各档材料的级配曲线,如图4-5所示。

集料筛分数据　　　　表 4-20

筛孔尺寸(mm)	碎石 10～13	碎石 5～10	碎石 3～5	石屑 0～3	矿　粉
19	100.0	100.0	100.0	100.0	100.0
16	100.0	100.0	100.0	100.0	100.0
13.2	66.2	100.0	100.0	100.0	100.0
9.5	13.2	91.1	100.0	100.0	100.0
4.75	0.1	6.7	73.2	99.9	100.0
2.36	0.1	0.4	5.9	72.1	100.0
1.18	0.1	0.4	3.0	51.1	100.0
0.6	0.1	0.4	2.4	31.4	100.0
0.3	0.1	0.4	2.0	19.6	100.0
0.15	0.1	0.3	1.5	14.2	100.0
0.075	0.1	0.3	1.0	10.7	98.8

集料密度和吸水率检测结果　　　　表 4-21

材料名称		碎石 10～13	碎石 5～10	碎石 3～5	石屑 0～3	矿　粉
密度	表观密度(g/cm^3)	2.752	2.733	2.743	2.721	2.649
	毛体积密度(g/cm^3)	2.716	2.681	2.679	2.640	2.649
	吸水率(%)	0.5	0.7	0.9	1.1	

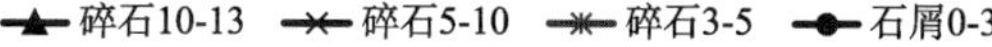

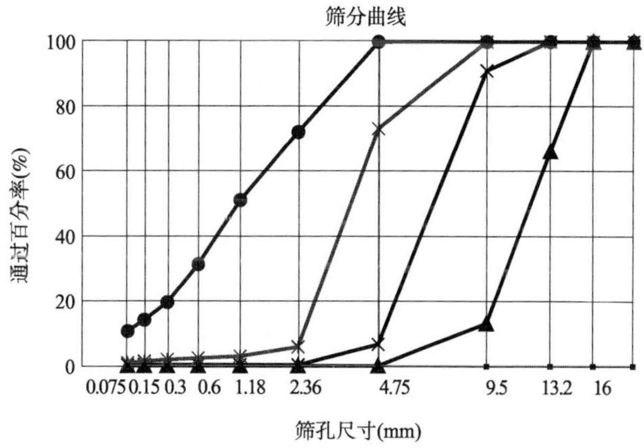

图 4-5　矿料级配曲线

2)集料配合比设计

沥青混合料配合比设计中的矿质混合料合成级配,应符合《公路沥青路面施工技术规范》(JTG F40—2004)的要求,合成级配如图4-6所示。

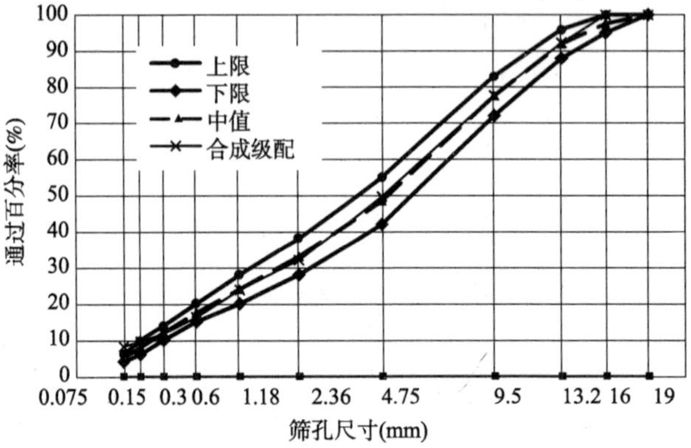

图4-6　合成级配曲线

3)沥青用量确定

首先从已有经验所选定的沥青用量范围内,选择沥青用量4.4%、4.7%、5.0%、5.3%、5.6%沥青用量拌制成混合料,分别制备不同沥青用量的马歇尔试验试件。然后用马歇尔试验仪测定其稳定度和流值,并测定其容重和计算其空隙率。根据试验和计算的结果分别绘出沥青用量与密度、空隙率、间隙率、饱和度、流值、稳定度的关系曲线,如图4-7所示。

图4-7中求取相应于密度最大值、稳定度最大值、空隙率中值、沥青饱和度范围的中值的沥青用量 α_1、α_2、α_3、α_4,按式 $OAC_1=(\alpha_1+\alpha_2+\alpha_3+\alpha_4)/4$ 求取三者的平均值作为最佳沥青用量的初始值 OAC_1。然后求出各项指标均符合沥青混合料技术标准的沥青用量范围 $OAC_{min}\sim OAC_{max}$,按式 $OAC_2=(OAC_{min}+OAC_{max})/2$ 求取中值 OAC_2。取 OAC_1 及 OAC_2 的中值作为计算的最佳沥青用量OAC。最后,经综合分析最佳沥青用量为5.0%。

4)配合比设计检验

按确定的设计最佳沥青含量在标准条件下进行。考虑到实际情况,采用沥青含量为5%、(5±0.2)%分别制备3组试样,进行水稳定性检验和抗车辙能力校验,结果均符合《公路沥青路面施工技术规范》(JTG F40—2004)的要求。

4.1.5　面层施工

沥青混合料拌和站按照设计的配合比进行拌和,自卸车运输到施工现场,运输过程中采取保温措施,确保混合料的温度满足要求。压实时采用振动平板夯进行多次夯实,确保压实度满足要求。图4-8为面层施工过程,图4-9为试验完成后取样。对取出的芯样进行压实度检测，结果表明压实度达到最大理论密度的93%以上，满足沥青路面施工技术规范要求。

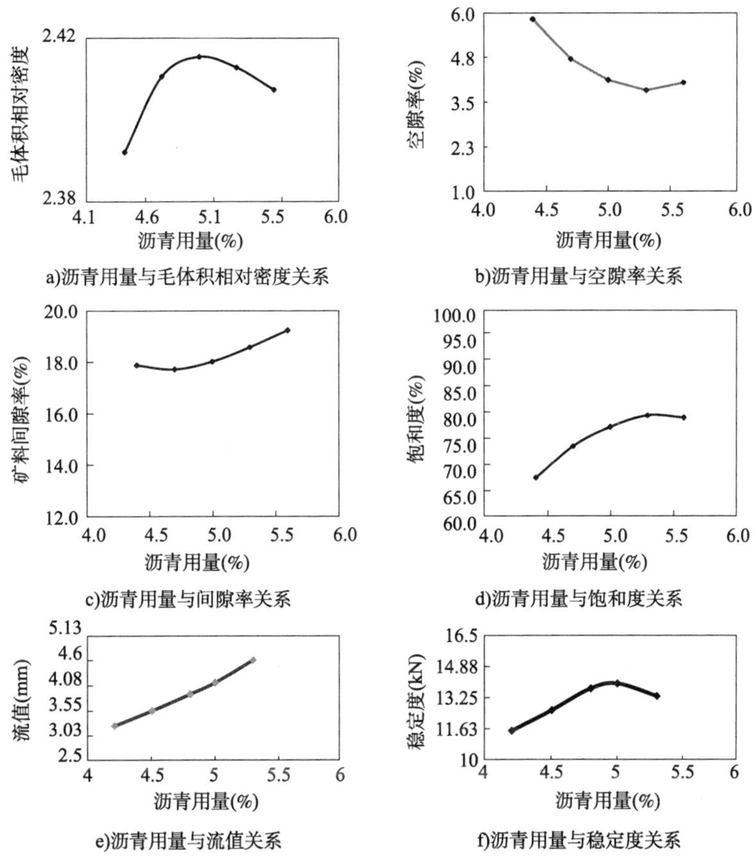

图4-7　沥青用量与马歇尔稳定度试验物理—力学指标关系图

图4-8　面层施工

图4-9　钻孔取芯

4.2 传感器选型与埋设

4.2.1 应变传感器的选型

国内外对路面结构进行监测所使用的应变传感器,按其工作原理大致可分为两类:电阻式应变传感器和光纤光栅式应变传感器[11]。

(1)电阻应变计电测技术

电阻应变式传感器有金属丝应变片式和半导体应变片式两种类型,其基本原理是利用金属材料的电阻定律。当应变片的结构尺寸发生变化时则其电阻也会发生相应的变化,电阻应变式传感器在实际应用中可等效一个电桥电路,如图 4-10 所示[12]。

应变片监测技术是各类工程结构中最常用的一种无损检测方法,它需要将应变片粘贴在待测构件上,具有以下优点:经济性好;测量灵敏度高;测量应变量程大;测量中输出为电信号,应用范围较广。如图 4-11 所示。

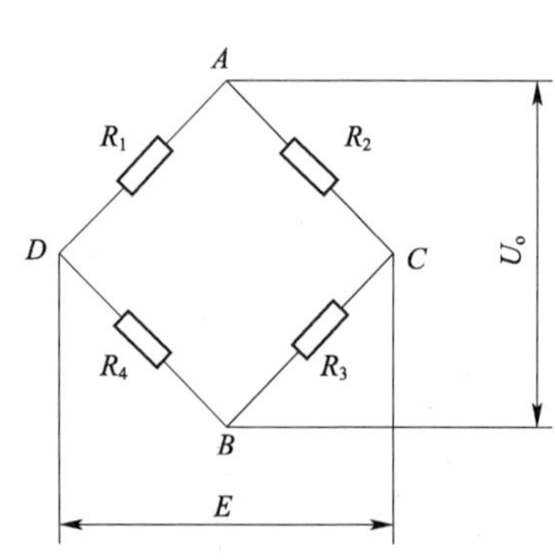

图 4-10 电阻应变式传感器等效电桥电路图

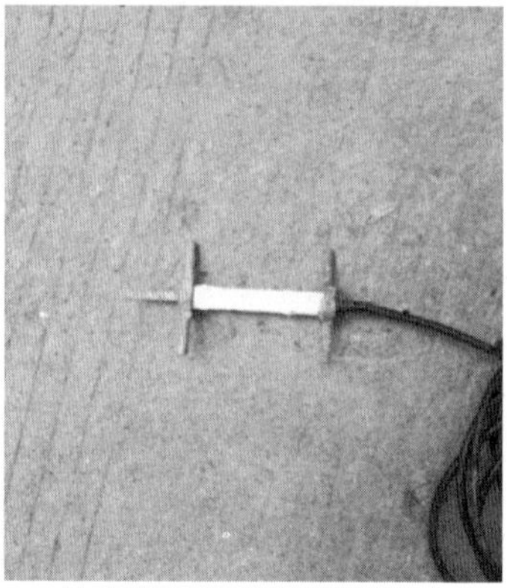

图 4-11 KM-100HAS 埋入式应变传感器

(2)光线光栅应变传感器

光纤光栅也是监测结构的元件之一,但是光纤光栅纤细脆弱,抗剪能力很差,埋设后的成活率较低。

该次试验选择电阻式应变计。“工”字形传感器的两端各有一个铝杆,用来固定中间轴向杆,可以在荷载作用下与沥青混合料同时变形。为了使应变计与沥青混合料协同变形,应变计的中间轴向杆选取了与混合料模量相当,且具有耐高温、耐潮湿等性能的材料[13]。

经过调研，选择日本 TML 公司的 KM－100HAS 埋入式应变传感器，量程为±20000 单位几何尺寸，接桥方式为全桥。

4.2.2　传感器的布置

该次试验目的是监测面层层底和基层层底应变，分别在该两层层底安装应变传感器。路面材料在轮胎荷载作用下，纵向和横向应变是不一致的，因此两组应变计安装方向相互垂直，方便检测纵横向应变的差异。沥青路面面层材料受温度影响较大，在面层中间位置埋设温度传感器。模型箱内应变和温度传感器布置如图 4-12 所示。

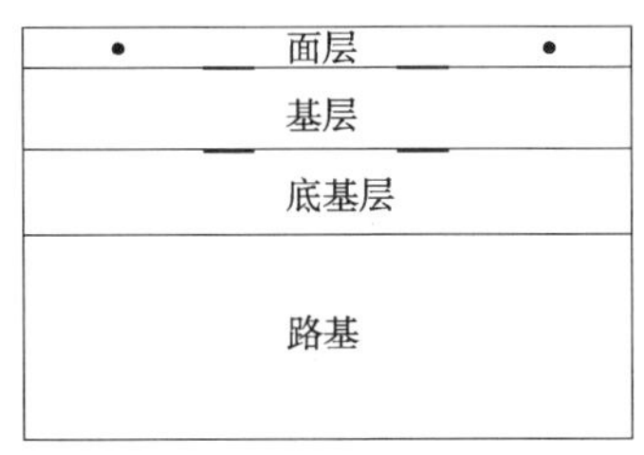

a)加载路面模型立面图

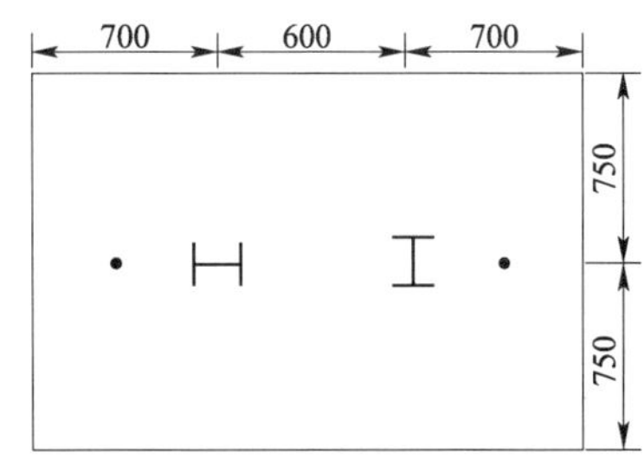

b)加载路面模型平面图

⊢⊣ 应变传感器　• 温度传感器

图 4-12　应变和温度传感器布置图（尺寸单位：mm）

4.2.3　应变传感器的埋设

应变传感器的埋设方法（图 4-13）可分为预埋法和后埋法。一般情况下进行应变数据采集时，应采用预埋法，传感器安置在固定位置后再进行路面结构施工。当预埋的传感器损坏，无法工作，需要补充传感器时，可采用后埋法。安装应变传感器时需要注意以下事项：

(1) 用万用表检查各个应变计工作是否正常。

(2) 在传感器埋设范围内用水平尺找平，并用毛刷清理基层浮土。

(3) 安装应变传感器，并将测线固定后引出。在铺装热拌沥青混合料之前，应先覆盖保护层。铺筑沥青混合料后，进行初压，然后取出保

图 4-13　传感器埋设

护层,再进行充分压实。

(4)铺筑完后利用万能表检查安装后的应变计是否完好,保护好数据线及接头。

4.3 模型安装与加载压头设计

4.3.1 模型安装

整个模型质量约10t,在运输过程中要时刻注意安全,保证模型不变形。该项目采用50t的移动桁吊将其吊装到大型MTS作动器附近,然后人工辅助推入位置,吊装过程如图4-14所示。

为了使荷载施加准确,通过调整作动器压头位置,使压头和传感器位置一致,经过微调后,就位完毕,作动器位置调整过程如图4-15所示。

图4-14 模型吊装就位过程图

图4-15 作动器位置调整

4.3.2 压头设计

为了模拟真实货车轮胎的荷载作用,设计了弧形压头,切割部分轮胎黏附在弧形压头上。压头直径为1m,宽度为26cm,侧面倒角,半径为2cm,和重型货车轮胎尺寸基本一致,如图4-16和4-17所示。

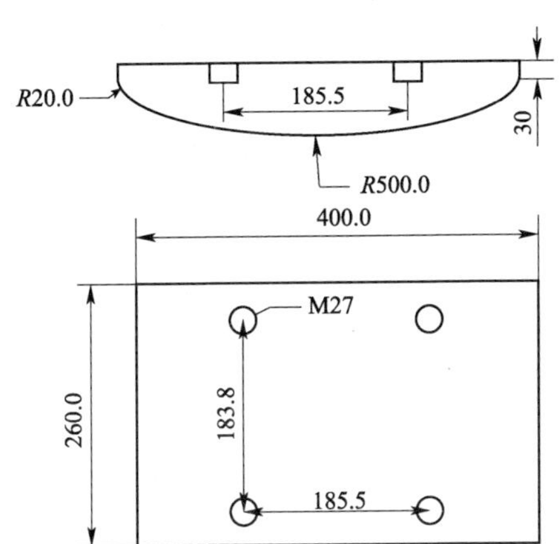

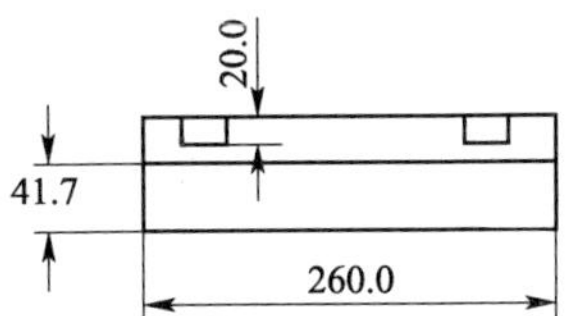

注：螺孔深度20mm。

图4-16 加载压头尺寸设计图(尺寸单位:mm)

a)弧形压头

b)压头与轮胎相连

c)作动器模拟货车轮胎

图4-17 压头设计与安装

4.4 压头接地面积和接地压强

货车轮胎的接地面积和接地压强是沥青路面设计的重要参数。我国《公路沥青路面设计规范》规定采用BZZ-100、接地压强0.7MPa、当量圆半径10.65cm作为标准轴载。而轮胎接地压力分布特性随轮胎胎压、负荷甚至花纹的不同而有很大变化,特别是当负荷超载、胎压超限时,这种变化更为显著。肖田[14]等人实测得到了天津市高速公路典型货车轮胎在不同轴载作用下的接地面积与接地压强。调查范围内各种车辆所有车辆轮胎充气压力均大于0.7MPa,满载车辆轮胎接地压强大于0.7MPa的占95.3%,几乎都超过规范中所规定标准限值0.7MPa,调查结果见表4-22~表4-24。

三轴车(单轴单轮+双轴双轮)轮胎接地压强和接地面积　　表4-22

轴序	空　载			满　载		
	轴重(kN)	接地面积(cm^2)	接地压强(MPa)	轴重(kN)	接地面积(cm^2)	接地压强(MPa)
1	38.2	269.0	0.71	75.3	388.1	0.97
2	46.4	341.2	0.68	191.4	929.1	1.03
3	45.1	341.7	0.66	191.2	928.2	1.03

四轴半挂车(单轴单轮+单轴双轮+双轴双轮)轮胎接地压强和接地面积

表4-23

轴序	空　载			满　载		
	轴重(kN)	接地面积(cm^2)	接地压强(MPa)	轴重(kN)	接地面积(cm^2)	接地压强(MPa)
1	23.5	192.6	0.61	73.1	373.0	0.98
2	51.8	327.8	0.79	183.2	925.3	0.99
3	73.2	397.8	0.92	219.1	969.5	1.13
4	56.7	354.4	0.80	195.3	957.4	1.02

四轴半挂车(单轴单轮+单轴双轮+三轴双轮)轮胎接地压强和接地面积

表4-24

轴序	空　载			满　载		
	轴重(kN)	接地面积(cm^2)	接地压强(MPa)	轴重(kN)	接地面积(cm^2)	接地压强(MPa)
1	33.8	238.0	0.71	55.3	341.4	0.81
2	44.8	290.9	0.77	156.8	739.6	1.06
3	39.6	271.2	0.73	205.3	950.5	1.08
4	41.6	281.1	0.74	158.4	740.2	1.07
5	41.6	281.1	0.74	158.4	740.2	1.07

于雷[15]在内蒙古自治区呼和浩特市榆林超限检查站,对过往货车进行轴载与轮胎接地面积实测,所测结果见表4-25。

轮胎接地压强和接地面积　　表4-25

序　号	轴重(kN)	接地面积(cm^2)	接地压强(MPa)
1	99.8	604	0.826
2	101.6	536	0.948

续上表

序　　号	轴重(kN)	接地面积(cm^2)	接地压强(MPa)
3	123.8	530	1.170
4	133.6	632	1.057
5	146.2	643	1.137
6	160.8	655	1.228
7	171.8	707	1.215
8	235.1	790	1.488

虽然该调查结果未给出轮轴形式，但从接地压强结果可以看出，几乎所有货车轮胎接地压强都大于规范规定值。

该项目在进行试验之前，对加载压头进行施加15kN、25kN和40kN的力，进行了压头的接地面积检测，如图4-18所示。将各种情况下所测得的轮胎接地面积统计，计算出接地压强，结果见表4-26。

a)压强测定

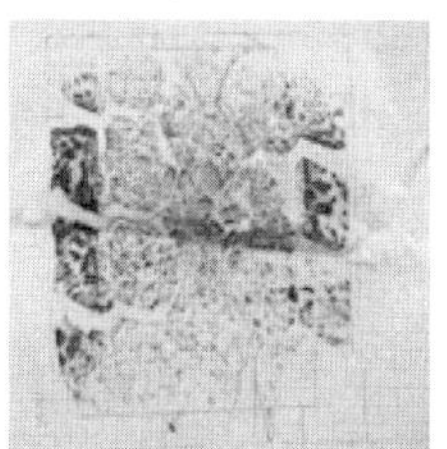
b)15kN接地面积

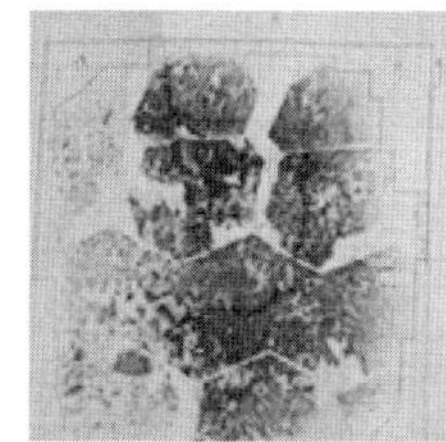
c)25kN接地面积

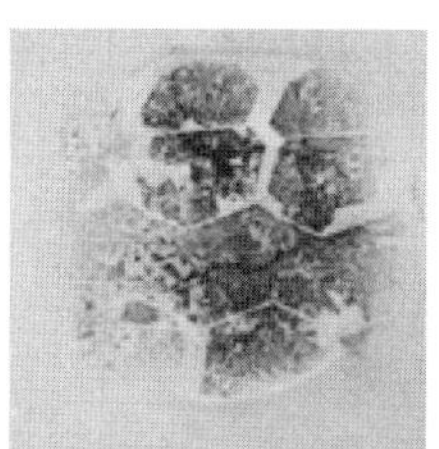
d)40kN接地面积

图4-18　压头接地面积测量

加载轮接地面积　　表4-26

荷载大小(kN)	实测接地面积(cm^2)	接地压强(MPa)
15	170.8	0.878
25	227.2	1.100
40	352.2	1.278

对比表4-26和表4-22～表4-25中的数据，可以看出，加载压头的接地压强都大于我国沥青路面设计规范值，与实际货车轮胎作用下的接地压强十分接近，因此该试验所设计的加载压头符合实际情况，可以真实地模拟车辆荷载作用。

4.5　加载方案与数据采集

材料的疲劳寿命与荷载波形有一定的关系，表4-27显示了不同加载波形对沥青混合料疲劳性能的影响。通常认为正弦波和半正弦波形比较接近于实际路面所承受的荷载波形[16]。

荷载波形对沥青混合料疲劳寿命的影响 表 4-27

波　形	试验温度（℃）	应力幅值（MPa）	初始应变（$\times10^{-4}$）	疲劳寿命（次）	相对寿命
	25	0.33	1.7	24690	0.42
	25	0.33	1.2	58950	1.00
	25	0.33	0.67	85570	1.45

考虑到车辆荷载作用于路面的过程，在此采用半正弦波加载。由于大型 MTS 加载过程中作动头黏附了轮胎，荷载较大时，竖向变形大，作动头行程长，无法达到指令要求，因此试验过程中加载频率控制在 0.5～1.5Hz。

试验过程中数据采集是另外一项重要工作，选择合适的数据采集系统非常重要。TMR－200 动态数据采集仪可根据需求，与各种传感器输入单元简单组合的小型多通道数据采集系统，采样速度高达 100kHz，通道数可达 80，如图 4-19 所示。数据采集频率过高会造成数据庞大，难以处理，数据采集频率太低则会产生数据泄露现象，无法准确反映路面的动态响应规律。根据荷载频率，数据采集频率达到 100Hz 就能满足要求，为了更加准确，在此数据采集频率为 1000Hz。

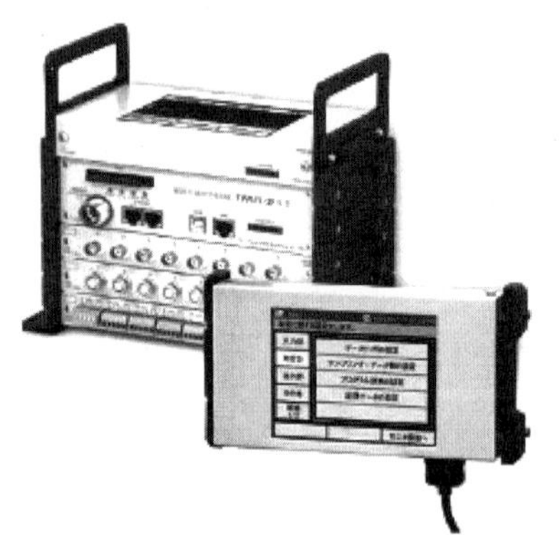

a)数据采集仪

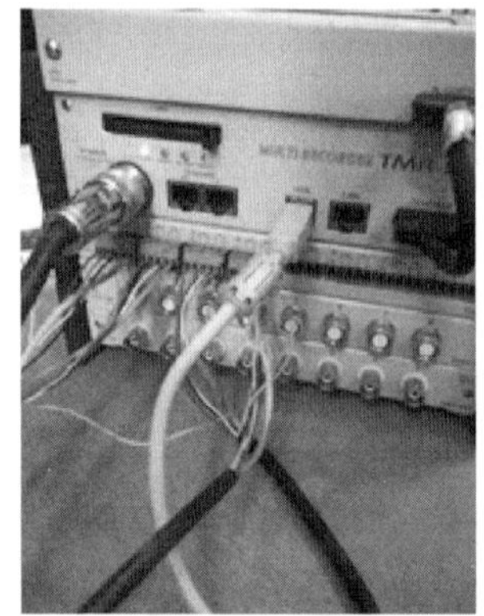

b)采集仪数据线接口

图 4-19　TMR－200 数据采集仪

为了能够真实记录沥青路面结构的温度变化规律，路面模型箱面层底部内部放置2个温度传感器。传感器及温度显示系统如图4-20所示。

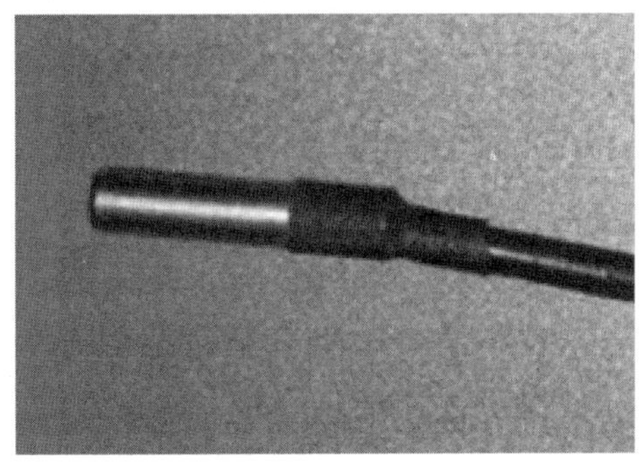

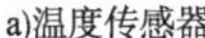

a)温度传感器

b)温度显示器

图4-20　温度传感器

4.6　试验数据

由于路面受到荷载作用时会先出现压密情况，因此对该路面结构模型进行加载试验时，将该种荷载试验都预先施加半个小时以上，动态响应数据均取荷载作用半小时后的数据。室温条件下进行疲劳破坏试验时，加载时间相对较长，但由于试验过程都是在相对封闭的空间中完成的，温度变化不大。采集动态响应数据时，都是在短时间内完成，温度不变。

4.6.1　结构一路面动态响应

对结构一施加预压荷载后进行试验，试验过程中监测面层和基层层底拉应变。对不同荷载大小，对不同的工况下的面层和基层层底横向拉应变进行统计，见表4-28。

层底横向应变动态响应数据统计　　表4-28

荷载(kN)	频率(Hz)	面层温度(℃)	面层层底		基层层底	
			波形	应变(με)	波形	应变(με)
20	1.5	30		22		16

续上表

荷载(kN)	频率(Hz)	面层温度(℃)	面层层底 波形	面层层底 应变(με)	基层层底 波形	基层层底 应变(με)
30	1.5	30	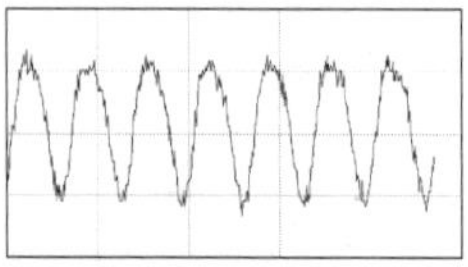	26	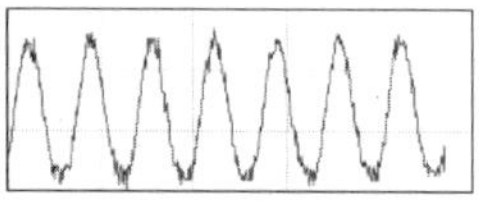	27
35	1	30	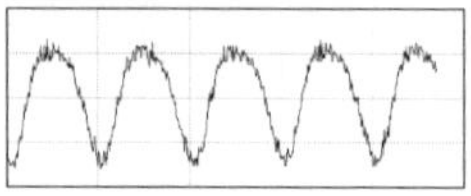	29	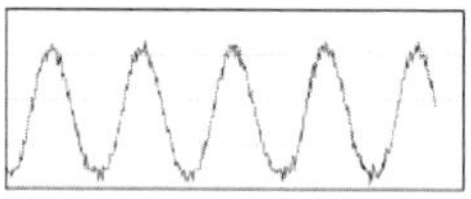	32
40	1	30	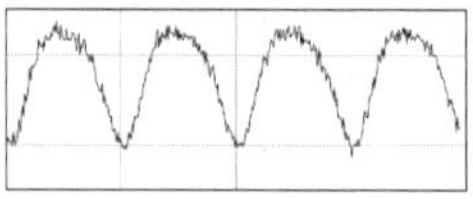	30	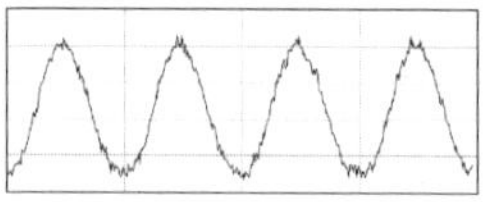	40

4.6.2 结构二路面动态响应

对结构二施加预压荷载后进行试验,试验过程中监测面层和基层层底拉应变。对不同荷载大小,对不同工况下的面层和基层层底拉应变进行统计,见表4-29。

层底纵向拉应变动态响应数据统计 表4-29

荷载(kN)	频率(Hz)	面层温度(℃)	面层层底 波形	面层层底 应变(με)	基层层底 波形	基层层底 应变(με)
40	1	29	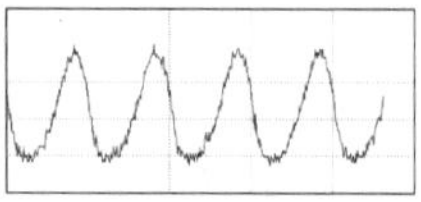	37	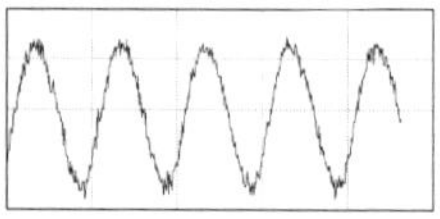	33
60	0.5	29	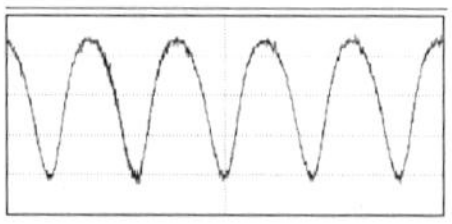	76	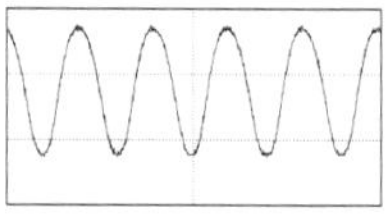	101
80	0.5	29	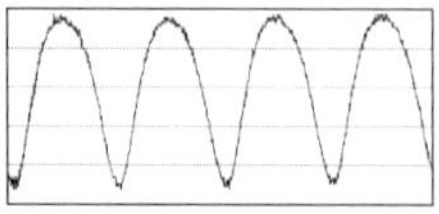	90	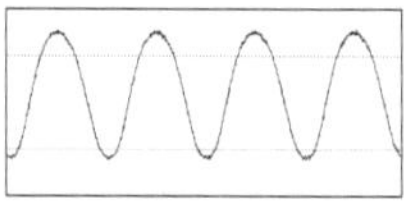	139

该组试验数据采集的是纵向拉应变数据。对比结构一的数据,可以看出纵向拉应变数据明显大于横向拉应变数据。

4.6.3　结构三路面动态响应

对结构三施加预压荷载后进行试验,试验过程中监测面层和基层层底拉应变。对不同工况下的面层和基层层底横向拉应变进行统计,见表 4-30。

横向拉应变动态响应数据统计　　表 4-30

荷载(kN)	频率(Hz)	加载时面层温度(℃)	面层层底		基层层底	
			波　形	应变(με)	波　形	应变(με)
30	1	25	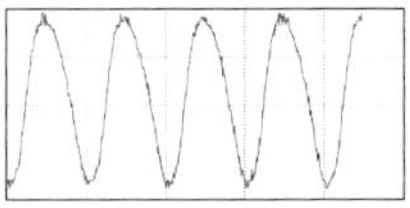	73	传感器损坏	—
40	1.5	25	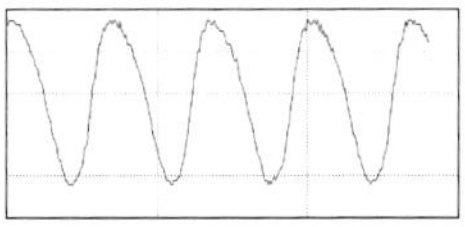	79	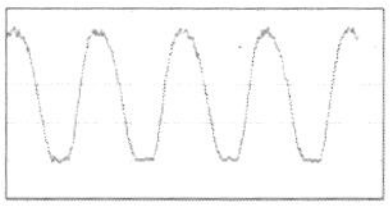	71
50	0.5	25	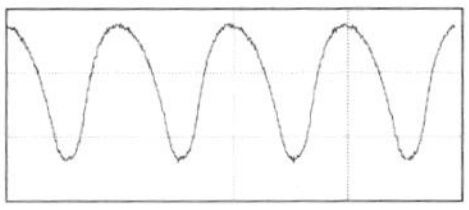	109	传感器损坏	—

4.6.4　结构四路面动态响应

同样,对结构四施加预压荷载后进行试验,试验过程中监测面层和基层层底拉应变。对不同工况下的面层和基层拉应变进行统计,见表 4-31。

层底拉应变动态响应数据统计　　表 4-31

荷载(kN)	频率(Hz)	加载时面层温度(℃)	面层层底		基层层底	
			波　形	应变(με)	波　形	应变(με)
30	1	20	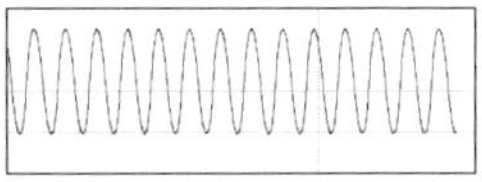	262	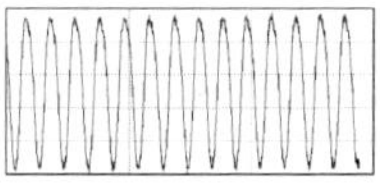	98

续上表

荷载(kN)	频率(Hz)	加载时面层温度(℃)	面层层底		基层层底	
			波形	应变(με)	波形	应变(με)
40	1	20	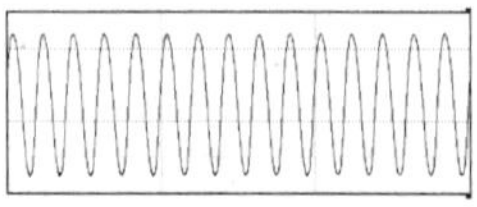	398	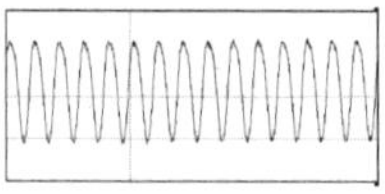	125
50	1	20	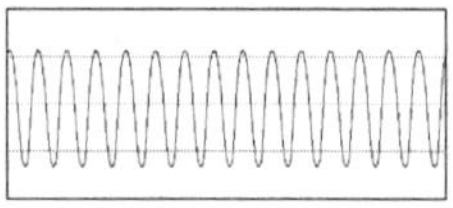	498	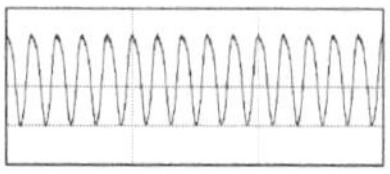	120
60	1	20	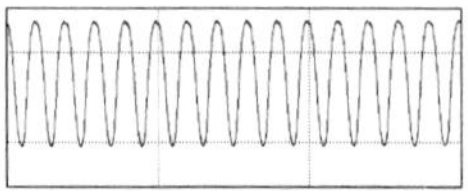	567	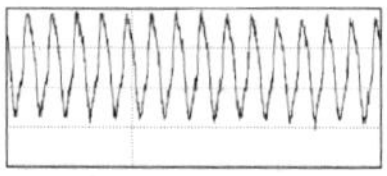	60
70	1	20	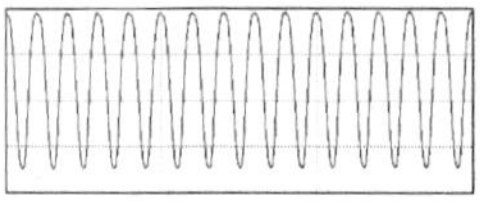	693	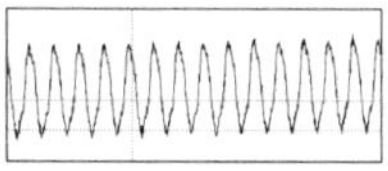	70
80	1	20	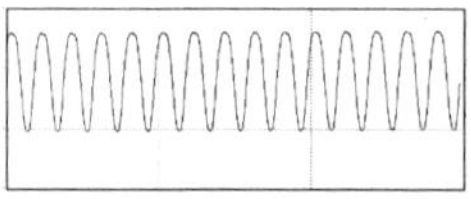	836	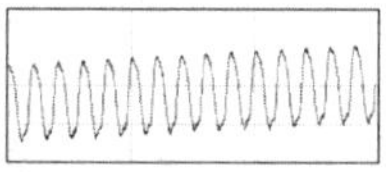	127

注:该组数据中纵向和横向拉应变数据差别很小,在此采用的是横向拉应变数据。

4.7 荷载大小对沥青面层应变的影响

路面结构层中,基层作为主要承重层,基层的力学特征会直接影响面层的力学响应特征,因此本章按照不同基层情况进行分析。

4.7.1 水泥稳定碎石基层

对结构一面层层底拉应变进行分析,同时根据频率对拉应变影响回归关系修正了频率对应变的影响(具体见本章4.9),可得到荷载和纵向拉应变之间的关系,如图4-21所示。

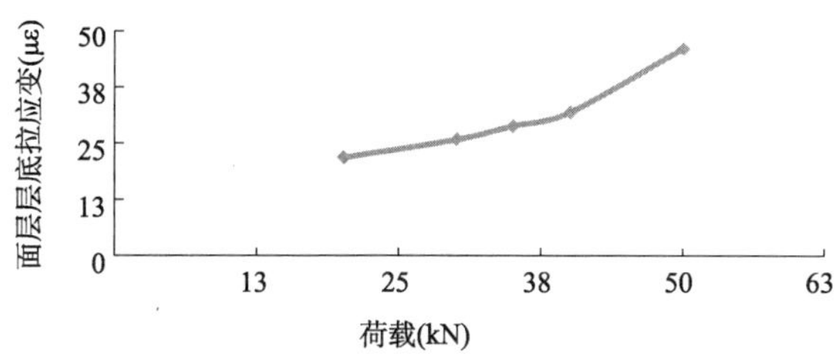

图4-21 面层层底横向拉应变和荷载之间的关系

由上图可以看出,随着荷载的增加,面层层底拉应力也随之增加,初期增加缓慢,当荷载超过40kN时,层底拉应变迅速增加,采用线性回归,$S=0.78x+3.7R^2=0.9054$,式中,S为应变(με),x为荷载大小(kN),R为相关系数。

结构二面层层底拉应变进行分析,同时根据频率对拉应变影响回归关系修正了频率对应变的影响(具体见本章4.9),可得到荷载和拉应变之间的关系,如图4-22所示。

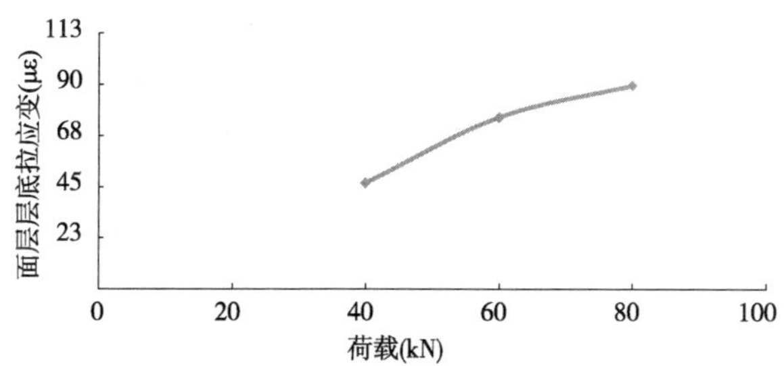

图4-22 面层层底纵向拉应变和荷载之间的关系

同样采用线性回归,得到$S-1.075x+6.5$,$R^2=0.961$,式中,S为应变(με),x为荷载大小(kN),R为相关系数。

4.7.2 二灰土基层

利用频率对应变大小的影响规律对表4-30的数据进行修正(具体见本章4.9),然后对不同荷载作用下二灰土基层的沥青面层拉应变进行分析,得到如图4-23所示的结果。

同样采用线性回归,得到$S=1.35x+33$,$R^2=0.9959$,式中,S为应变(με),x为荷载大小(kN),R为相关系数。

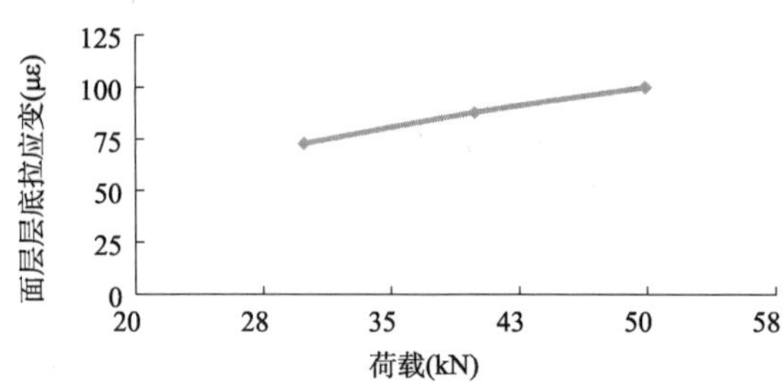

图 4-23　面层层底纵向拉应变和荷载之间的关系

4.7.3　级配碎石基层

对结构四面层层底拉应变进行分析,可得到荷载和纵向拉应变之间的关系,如图 4-24 所示。

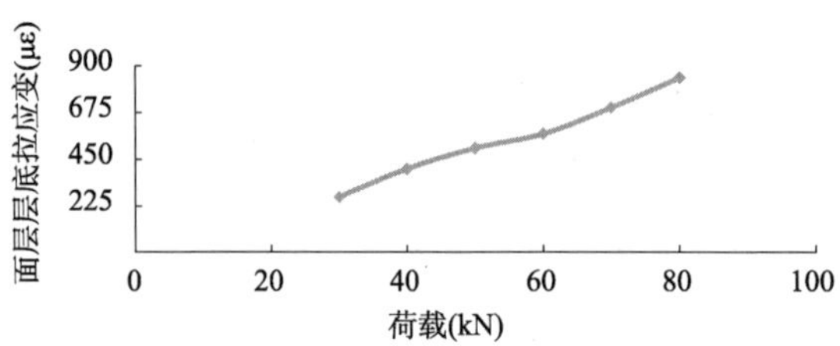

图 4-24　面层层底纵向拉应变和荷载之间的关系

由此图可以看出,随着荷载的增加,面层层底拉应力也随之增加,采用线性回归,$S=10.926x-58.581$ $R^2=0.9904$,式中,S 为应变(με),x 为荷载大小(kN),R 为相关系数。

4.8　荷载大小对基层层底拉应变的影响

对工况一的水泥稳定碎石基层层底拉应变进行分析,可得到荷载和拉应变之间的关系,如图 4-25 所示。对水泥稳定碎石基层采用线性回归,$S=1.0568x-4.7297$,$R^2=0.9773$,式中,S 为应变(με),x 为荷载大小(kN),R 为相关系数。

对第二种工况的水泥稳定碎石基层层底拉应变进行分析,可得到荷载和拉应力之间的关系,如图 4-26 所示。对水泥稳定碎石基层采用线性回归,$S=2.55x-60.667$,$R^2=0.978$,式中,S 为应变(με),x 为荷载大小(kN),R 为相关系数。

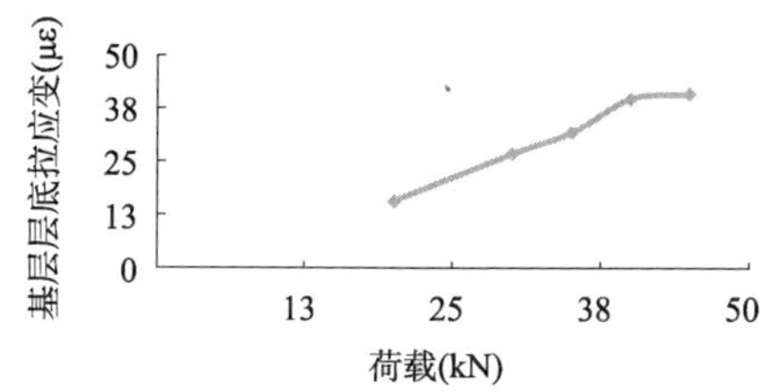

图4-25 基层层底拉应变和荷载之间的关系

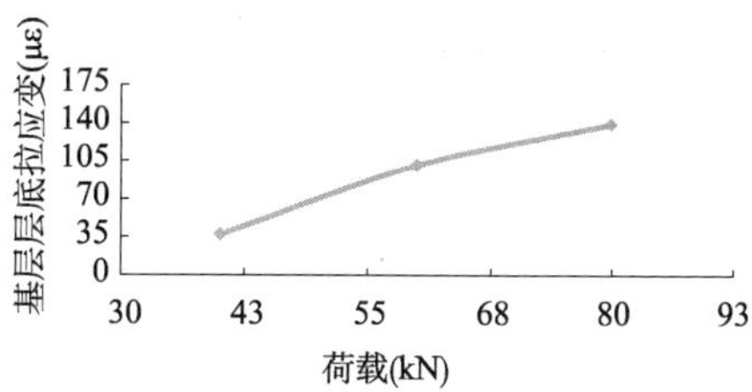

图4-26 基层层底拉应变和荷载之间的关系

由以上两图可以看出，在面层较薄的情况下，水泥稳定碎石基层拉应变在较小仅为30με左右。但当荷载超过40kN后，基层拉应变迅速增加。当荷载为60kN时，拉应变达到100με。

4.9 荷载频率对面层层底应变的影响

为了分析荷载频率对面层层底纵横向应变的影响，对第一种路面结构(8cmAC-13+20cm水泥稳定碎石+20cm石灰土)分别进行了4种工况的荷载试验，4种工况分别所代表的情况见表4-32。

试验工况 表4-32

工况名称	荷载大小(kN)	路面温度(℃)
工况1	30	30
工况2	30	40
工况3	40	30
工况4	40	40

按照以上4种工况分别进行不同频率的加载试验，得到不同荷载大小和加载频率情况下的纵横向应变，见表4-33～表4-36。

工况一 路面结构动态响应数据(路面温度30℃) 表4-33

荷载大小(kN)	荷载频率(Hz)	横向应变		纵向应变	
		面层层底应变(με)	基层层底应变(με)	面层层底应变(με)	基层层底应变(με)
30	0.20	56	31	33	36
30	0.4	45	28	32	22
30	0.75	38	23	31	26
30	1.5	29	26	27	21

工况二　路面结构动态响应数据(路面温度 40℃)　　表 4-34

荷载大小(kN)	荷载频率(Hz)	横向应变		纵向应变	
		面层层底应变(με)	基层层底应变(με)	面层层底应变(με)	基层层底应变(με)
30	0.20	192	29	90	40
30	0.4	139	26	65	34
30	0.75	115	19	58	28
30	1.5	87	26	44	31

工况三　路面结构动态响应数据(面层温度 30℃)　　表 4-35

荷载大小(kN)	荷载频率(Hz)	横向应变		纵向应变	
		面层层底应变(με)	基层层底应变(με)	面层层底应变(με)	基层层底应变(με)
40	0.20	74	44	41	48
40	0.35	53	36	39	36
40	0.75	44	28	35	28
40	1.25	36	29	34	22

工况四　路面结构动态响应数据(面层温度 40℃)　　表 4-36

荷载大小(kN)	荷载频率(Hz)	横向应变		纵向应变	
		面层层底应变(με)	基层层底应变(με)	面层层底应变(με)	基层层底应变(με)
40	0.20	155	45	86	57
40	0.35	148	39	80	49
40	0.75	132	29	56	45
40	1.25	122	28	53	33

为了便于分析,将表中数据绘制成图,如图 4-27 ~ 图 4-30 所示。

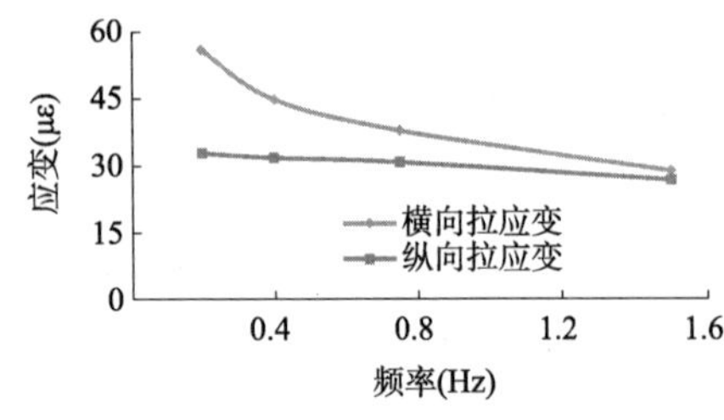

图 4-27　工况一　路面结构不同频率下应变变化

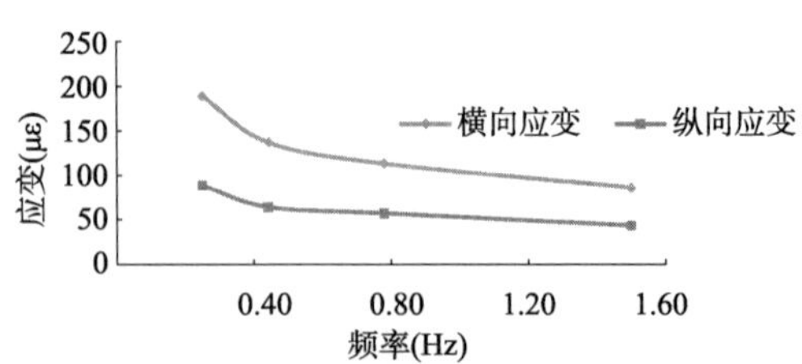

图 4-28　工况二　路面结构不同频率下应变变化

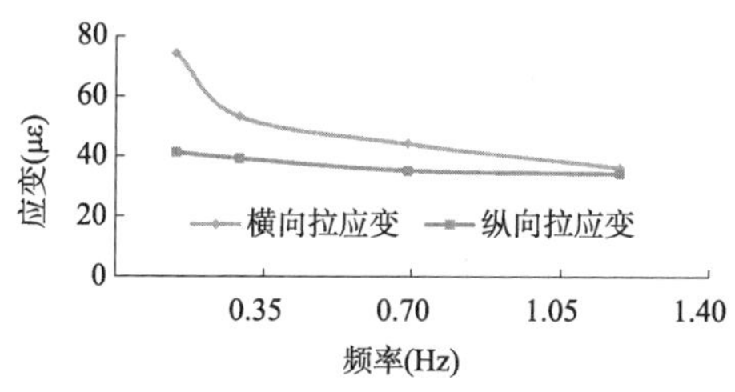

图 4-29　工况三　路面结构不同频率下应变变化

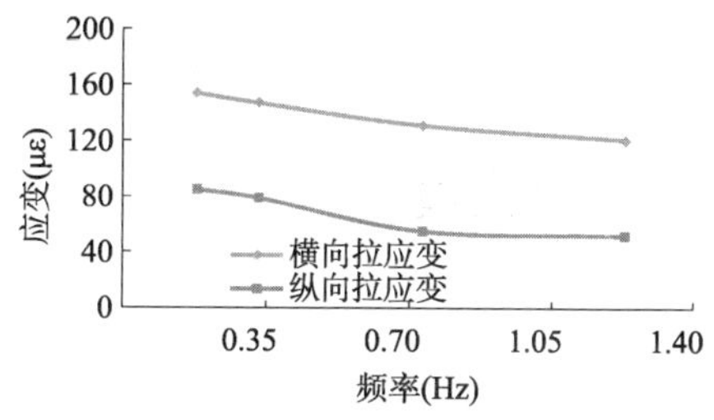

图 4-30　工况四　路面结构不同频率下应变变化

从以上 4 图可以看出，荷载频率对路面结构的内部动态响应有较大的影响，在频率较低时，加载频率对沥青路面面层层底的应变影响较大，随着加载频率的增加，这种影响趋势逐渐变缓。相比较纵向应变（车轮行驶方向），荷载频率对横向应变更大一些。

4.10　温度对沥青面层应变的影响

沥青路面材料属于感温性材料，温度的变化对其劲度模量有着较大影响，从而影响层底拉应变。杨永顺[5]在滨大路上的研究结果表明，不同结构组合对温度的敏感性差别比较明显，在其研究的 5 种路面结构中，第五种路面结构对温度的敏感性最强，温度升高 10℃，沥青层底拉应变由 60με 增大到 140με，应变增长了 133%。

在进行频率对路面结构动态响应的研究中，本章在 30℃ 和 40℃ 条件下，对路面模型施加 30kN 不同频率作用下的荷载，得到路面结构的纵横向应变，将两种温度下的拉应变进行对比分析，如图 4-31、图 4-32 所示。

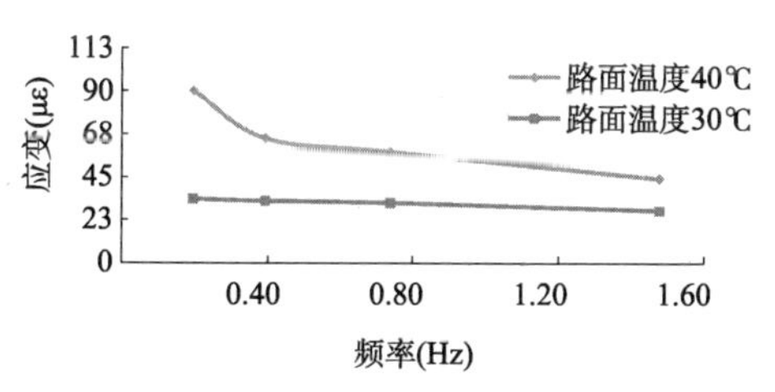

图 4-31　不同路面温度纵向拉应变与频率的关系

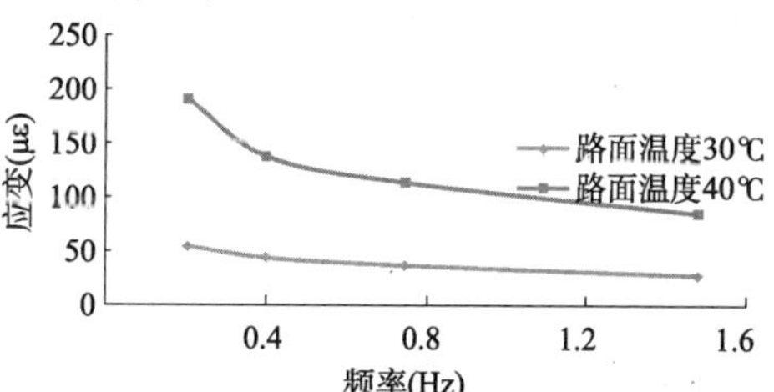

图 4-32　不同路面温度横向拉应变与频率的关系

从图中可以看出，在相同荷载作用下，温度对路面内部的动态响应有着较大的影响。路面温度越高，路面内部的拉应变就越大。由于本章的研究数据较少，无法回归出温度对面层层底拉应力的影响，但根据文献[5]的研究结果，温度对面层层底拉应变的影响可采用指数形式进行回归。

4.11 纵横向应变的差异分析

从图 4-18 可以看出,加载轮的形状接地面积更接近于矩形,而不是我国路面设计规范中的圆形,同时轮胎侧壁和轮胎胎面材料组成不一致,因此在纵向和横向必然会导致路面内部受力不一致。从图 4-31、图 4-32 中可以看出,四种工况下纵横向拉应变差异较大,尤其是工况四所代表的高温情况差异更大。从图 4-27 ~ 图 4-30 还可以知道,在荷载频率较低时,纵横向应变差异性明显,而且频率越低(意味着加载时间越长),差异越大,当加载频率超过 1.5Hz 后,频率对面层层底纵横向应变的差异性影响变小,两者在数值上基本接近。

4.12 本章小结

依据常见的路面结构设计了 4 种路面结构,分别对面层沥青混凝土 AC13,基层水泥稳定碎石,二灰土和级配碎石进行了配合比设计。设计了模拟车辆轮胎的加载压头,在模型箱内铺筑路面模型,分别在面层和基层层底安装应变传感器,采用大型 MTS 模拟车辆荷载进行加载试验,试验过程中对路面的动态响应进行数据采集。通过对采集的数据进行分析,得到如下结论:

(1)给出了面层层底纵向拉应变和荷载之间的关系曲线。

(2)荷载频率对路面结构的内部动态响应有较大的影响。在频率较低时,加载频率对沥青路面面层层底的应变影响较大,随着加载频率的增加,影响变小。相比较纵向应变(车轮行驶方向),荷载频率对横向应变更大一些。

(3)温度对路面内部的动态响应有着较大的影响。路面温度越高路面内部的拉应变就越大。

(4)纵横向应变存在一定的差异,温度越高,差异越明显;频率越高,差异越小。

本章参考文献

[1] 罗辉,朱宏平,郝行舟. 沥青路面动态响应数值分析[J]. 交通运输工程学报,2007,7(4):44-47.

[2] 陈一锴,何杰,张卫华,等. 动态载荷作用下半刚性沥青路面动力响应分析[J]. 系统仿真学报,2012,24(7):1510-1515.

[3] 黄兵,吴玉,艾长发,等. 结构参数对沥青路面动态响应的影响[J]. 公路交通科技,2013,30(9):8-12.

[4] Hao Yin,Mansour Solaimanian,Tanmay Kumar,Shelley Stoffels. The effect of loading time on flexible pavement dynamic response:a finite element analysis[J]. Mech Time-Depend Mater,2007,11:265-288.

[5] 杨永顺,王林,韦金城,等. 重载作用下典型路面结构动态响应数据采集与分析[J]. 公路交通科技,2010,27(5):11-16.

[6] 王暄. 随机荷载作用下柔性路面结构及路基动力响应研究[D]. 长沙:中南大学,2006.

[7] 武金婷,叶奋. 基于 MLS66 加速加载试验的沥青路面车辙变形分析[J]. 建筑材料学学报,2014,17(3):406-412.

[8] 郑南翔,牛思胜,许新权. 重载沥青路面车辙预估的温度 - 轴载 - 轴次模型[J]. 中国公路学报,2009,22(3):8-13.

[9] 纪小平,郑南翔,刘艳,等. 沥青路面足尺加速加载车辙预估[J]. 北京工业大学学报,2013,39(3):373-377.

[10] 管志光,庄传仪,林明星. 足尺沥青混凝土路面加速加载动力响应[J]. 交通运输工程学报,2012,12(2):24-28.

[11] 熊中原. 基于内部传感测量的沥青路面健康检测技术研究[D]. 西安:长安大学,2012.

[12] 张红俊. 电阻应变式传感器在应用中的误差补偿[J]. 机械管理开发,2003,4(1).

[13] 刘国强. 基于应变测量法的几种典型悬臂梁的挠度测量[J]. 装甲兵工程学院学报,2006,5(1).

[14] 肖田,孙吉书,王晓华. 天津市高速公路货车轮胎接地特性调查与分析[J]. 山西建筑,2011,37(34):133-134.

[15] 于雷. 内蒙古重载交通高等级公路沥青路面结构研究[D]. 南京:东南大学,2015.

[16] 高爽,朱洪洲,唐伯明. 沥青混合料疲劳性能影响因素研究综述[J],石油沥青,2008,22(2):1-5.

第5章　加速加载条件下半刚性基层沥青路面动态响应研究

由于路面受到车辆荷载和自然环境影响,单纯依靠理论分析或数值模拟方法,目前尚不足以解决路面疲劳破坏的各种问题,利用各种形式的试验检测技术就成为必不可少的方法。传统的室内试验方法不能真实的模拟车辆在道路上的实际运行状况;现场长期观测来评价现有道路方法尽管具有一定的实效性,但因试验路段的数据采集周期太长,受外界影响因素多,断面应力变化数据的实用性差,再加上试验路段投资太大,试验结果应用滞后,难以满足道路建设和交通发展的需要。Yeo Insoo[1]的研究就认为采用加速加载试验系统在预测沥青路面疲劳开裂方面比室内试验具有明显优势。足尺路面加速加载系统可以较为真实的模拟车辆荷载,加速路面的疲劳破坏,对路面长期使用性能指标及其影响因素进行快速检测分析,从而推断其演化规律,实践上被世界各国证明为研究路面疲劳破坏的有效途径。

加速加载试验在国外起步较早,很多学者从多方面采用加速加载试验对沥青路面疲劳破坏进行了研究,其中取得成果最多的当属SHRP(Strategic Highway Research Program)计划。美国在为推广SHRP计划研究成果,制定热拌沥青路面性能规范和试验性能预测模型收集资料时进行了长达2年的环道试验,试验期间主要对破坏裂缝、横断面尺寸、弯沉、表面摩擦系数等指标进行了测量和采集。试验路的修建和加速加载试验为SHRP计划成果的提出起到了至关重要的作用。除此以外,Perez等人为了研究疲劳裂缝发展的机理,在30m长的轮迹带上修建试验段,将底基层切断,然后采用加速加载试验仪对自下而上的反射裂缝进行了试验,模拟过程中采用传感器对裂缝的发展进行了数据采集,并以此分析了疲劳裂缝的发展[2]。Sirin等人使用重型车辆模拟器进行了5个试验路段的试验,对佛罗里达州的路面的车辙进行预估。5个试验段采用不同运行方向、不同的加载轮组合,研究结果认为在佛罗里达州交通条件和气候条件下,评估路面抗车辙性能时加载轮采用单方向行使要比双向行驶更有效[3];Choubane等人采用加速加载试验设备对粗集料级配和细集料级配的沥青路面进行了长期性能评估[4]。Theys等人通过在美国加州进行的大量的重型模拟器(HVS)的试验结果提出了使用路基弯沉作为道路设计标准,而不是普遍认可的竖向应力的半经验—半力学理论的路基设计模型[5]。

很多的研究也认为,单纯使用加速加载评价沥青路面疲劳特性时,往往带有一定的局限性,必须和室内试验以及理论分析相结合。南非雨果(Hugo)院士研制了第四代检测系统 MLS 及 MMLS 并成功的运用到路面疲劳性能评价上,对莫桑比克的水泥稳定砂土和石灰稳定砂土基层分别采用 MLS10 和 MMLS3 进行了加速加载试验。试验过程中对表面裂缝、沟槽、坑洞、动态弯沉、路面平整度、车辙等指标进行了检测,同时配以室内试验对材料进行了力学性质检测,如直接拉伸试验、无侧限抗压强度试验、劈裂试验及三分点小梁弯曲试验[6]。Guo 等人认为单纯使用 APT(Acceleration Pavement Testing)进行路面长期性能试验分析仍然存在着一些偏差,但如果将加速加载试验所得数据运用到计算机仿真理论上则可对路面疲劳性能进行正确评估[7]。

由于加速加载设备数量的限制,国内仅有个别学者采用加速加载设备对沥青路面的疲劳性能进行研究。我国较早的加速加载试验为环道试验,如东南大学的周刚、黄晓明等人进行了试验研究[8-10],但环道加速加载试验模拟车辆真实的运行环境能力较差。北京交通科学研究院的 ALF 系统和长沙理工大学的直道加速加载系统可以较好模拟车辆荷载[11-12]。李宇峙等通过 ALF 系统工规范的制订和两座大跨径正交异性钢桥面沥青路面铺装方案,对 6 种沥青路面铺装方案进行了大型直道足尺试验[13-14]。

5.1　加速加载设备

国内外对路面加速加载试验系统的研制和开发大致可分为以下三类:

(1)ALF(Accelerated Loading Facility)式。此装置在一组钢轨上做往返运动,结构复杂,其加载效率较低,属单一的主动加载轮作用。ALF 能真实地模拟实际地交通荷载,尤其是车载在道路上的横向分布,此设备可用于路面研究、设计、路面新材料及路面新结构的选择和验证,如图 5-1 所示。

图 5-1　澳大利亚 ALF

(2)HVS 式。采用与 ALF 相似的运动方式加载,利用电气方式制动,启动电流大,属从动加载轮作用。利用此设备,可以测出不同荷载变化对永久变形、剪切破坏和开裂等路面响应参数的影响。如图 5-2 所示。

图 5-2　美国 HVS

(3)MLS 式。系统采用循环加载方式,电气驱动采用大功率的直线电机,机械结构复杂,需采用的散热方式有水冷和风冷,加载效率比较高,属从动加载轮作用,如图 5-3 所示。

图 5-3　南非 MLS

由此可见,目前世界上所有的加速加载试验设备的加载方式都是单一的主动轮加载或者从动轮加载,与实际在路面上运行的车辆有较大差别。实际的车辆,尤其是大型载货车辆在行驶过程中对路面的作用都同时存在主动加载和从动加载的联合作用。

作者团队自主研发的道路加速加载系统 ALT,加载部分既可采用单轴加载也可采用双轴组合加载方式。双轴加载时采用主从动轮联合加载,能够更加真实的模拟路面实际受力状态,正确评估路面的疲劳损坏,如图5-4所示。

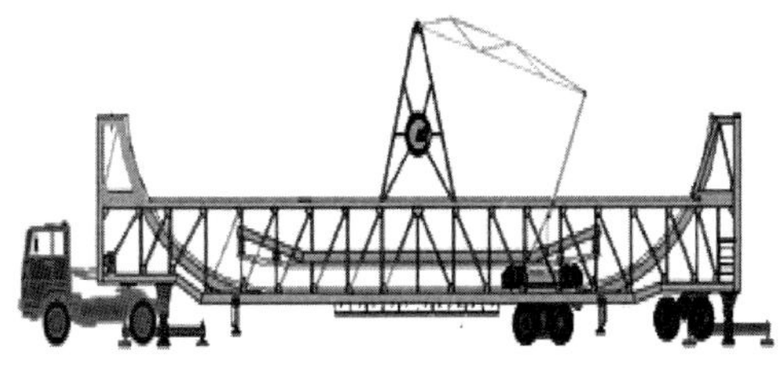

a)ALT系统整体图示

b)ALT加载设备

图5-4　自主研发加速加载系统

在交通运输部应用基础研究项目《基于双轴加速加载试验的沥青路面疲劳损坏演变规律研究》中,进行了主从动轮载组合作用下沥青路面疲劳损坏特征评价。试验过程中主要对裂缝、动态弯沉、路面平整度、表面摩擦系数、车辙等指标进行测量和采集,研究主从动轮组合作用下路面疲劳损坏特征。建立沥青路面结构疲劳破坏特征与双轴组合轮载作用次数的关系,对典型沥青路面结构进行疲劳寿命预估。

5.2　半刚性基层沥青路面试验路方案与铺设

5.2.1　路面结构设计及传感器埋设

该试验铺筑的室内试验段有效长度为9m,试验路结构为26cm石灰土底基层+30cm水泥稳定碎石基层+4cm沥青面层,如图5-5所示。

AC-13沥青面层

水泥稳定碎石基层

石灰土底基层

— 应变传感器　• 温度传感器

图5-5　试验路结构及传感器布设方案图

在足尺试验路修筑过程中,埋设美国CTL公司生产的沥青路面应变传感器,为路面结构动力响应实时监测和性能观测提供基础数据。同时为了监测路面结构内部温度变化规律,在面层内部埋设温度传感器。

5.2.2 试验路段施工质量控制

在该试验段的铺筑过程中,严格控制路面质量,及时进行各种试验检测及数据采集,同时为施工提供足够准确的技术数据。

1)土基

该试验路槽宽4m,深约2.4m,在试验槽内铺筑试验路段。将路基处理完后对现场进行了压实度、FWD弯沉检测。在已经处理好的土基上铺筑石灰剂量为8%石灰土底基层,厚度为26cm。

2)半刚性基层

半刚性基层材料通过厂拌运送至现场,并且严格按规范的要求进行摊铺、碾压,并且在施工时控制厚度。基层完成28d后钻芯取样,将其切割成 $\phi10\times10$cm 的圆柱体试件,测得7d无侧限抗压强度为7.3MPa。

3)沥青面层

为了获得均匀、密实的路面,在养生后的基层上按规范规定铺筑AC-13沥青面层。由于面层较薄,混合料用量较少,在铺筑过程中特别注意对温度的控制。摊铺、碾压的控制温度见表5-1。

面层摊铺及碾压过程中混合料温度 表5-1

混合料类型	运至现场混合料温度(℃)		碾压过程中混合料表面温度(℃)		
	表　面	内　部	初　压	复　压	终　压　后
AC-13	147	149	145	116	85

5.3 试验现场检测

5.3.1 轴载标定

加速加载设ALT加载方式有单轴加载和双联轴加载两种。该试验采用单轴单轮组,一侧轮重8t加载(相当于轴重16t),双轴双轮组,一侧轮重16t加载(相当于轴重32t),轴重的测定通过动静态称重仪来测量(图5-6)。单轴称重时将称重板A板放在轮胎底部,调节油压使轴重达到8000kg;双轴称重时将A、B板分别放在前后轮胎底部,调节轴重至16000kg。ALT在运行时为了保持轴重不变需要每两个月检测一次轴重的变化。

a)轴重检测

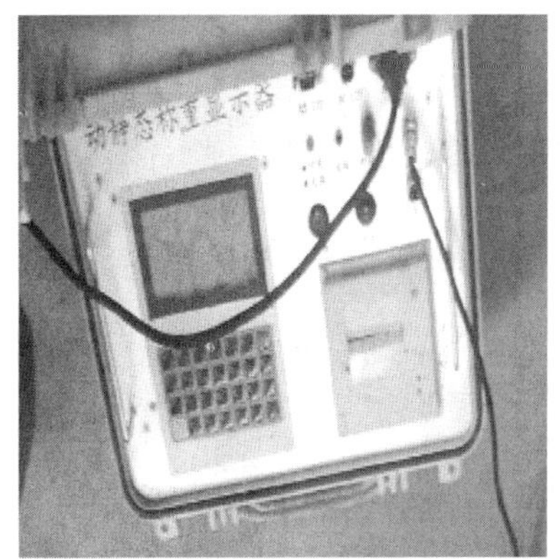

b)动静态称重仪

图5-6 轴载测定

5.3.2 抗滑性能检测

目前对路面摩擦系数的检测仪器包括摆式摩擦仪、动态摩擦系数测试仪、美国锁定轮摩擦测试车、横向力系数测、MU-meter 测试仪和纵向摩擦系数 SAFEGATE 摩擦测试车。我国公路路基路面现场测试规程给出了摆式摩擦仪,单、双轮横向力系数测定仪和动态旋转摩擦仪测定摩擦系数的方法。由于加速加载试验设备内部空间不足,摩擦系数测定车及激光构造深度法无法正常的在试验路上运行,因此采用摆式摩擦仪,其具有体积小、测量较准确、便于操作的特点,如图5-7所示。

图5-7 摩擦系数测试

对加速加载路面每5000次采用英式摆式仪采集一次数据即BPN(表征路面的细构造的状况)。摩擦系数采用定点检测,单轴测试时两条轮迹带上分别设6个检测点,双轴测试时两条轮迹带分别设置6检测点,检测点之间的距离为1m。

5.3.3 路面弯沉检测

路面设计弯沉值是表征路面整体刚度大小的指标，它是根据设计年限内一个车道上预测通过的累计当量轴次、公路等级、面层和基层类型而确定的路面弯沉设计值，是路面厚度计算用的主要依据。一般认为，路面弯沉不仅能够反映路面各结构层及土基的整体强度和刚度，而且与路面的使用状态存在一定的内在联系。同时由于测定比较方便，所以我国现行的沥青路面设计方法采用设计弯沉作为路面整体刚度的设计指标。该加速加载试验路段使用落锤式弯沉仪进行监测及数据的采集，同时记录气温、沥青面层温度等参数。如图 5-8 所示。

图 5-8　FWD 弯沉检测

弯沉检测采用定点测量，单轴加载及双轴加载试验路段分别设置 8 个点进行检测，每 5 万次采集一次数据。

5.3.4 车辙检测

目前车辙检测方法主要有路面横断面仪、激光或者超声车辙仪。应用线激光和高速数字高分辨图像采集技术，通过激光线的变形计算路面车辙深度是一种比较准确的方法。该试验路段采用自主研发的激光车进行车辙测试，在地面上找准桩号将激光车固定在桩号点上，激光车的测试范围为 $1m^2$，每作用 5000 次采集一次车辙数据。如图 5-9 所示。

5.3.5 沥青层底拉应变检测

沥青层底拉应变是控制沥青路面开裂的关键指标，为了准确测得沥青路面层层底拉应变，采用 DATAQ 高频数据采集系统采集路面结构响应的时间和应变数据,如图 5-10 所示。由于加载周期长,长时间连续跟踪观测意义不大,因此在加载的过程中,每加载 10000 次采集一次应变响应数据。

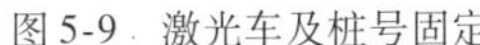

图 5-9　激光车及桩号固定

图 5-10　应变数据采集

5.4　路面(层底)应变响应规律研究

5.4.1　单轴加载时沥青面层层底应变响应特点

单轴加载时行车速度为 20km/h,轮胎接地长度为 25cm。单轴轴重为 160kN,一侧轮胎荷载 80kN。采集数据后进行分析,得到单轴加载条件下的应变曲线,如图 5-11 所示。

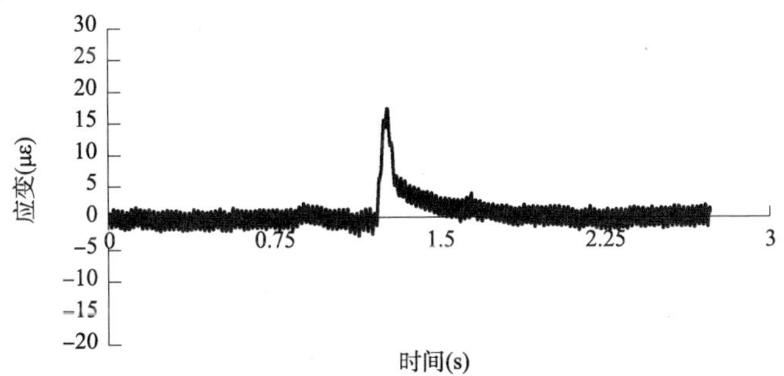

图 5-11　单轴加载时沥青面层层底应变曲线

由图 5-11 可以看出单轴加载时,在一个周期内轮胎仅作用一次,所以应变峰值也出现一次。以上数据为路面温度 15℃时检测所得。

5.4.2　双轴加载沥青面层层底应变响应特点

双轴加速加载时运行速度为 20km/h,轮胎接地长度为 25cm,轴间距为 1.4m,

双轴加载如图 5-12 所示。室温 12℃和 30℃条件下双轴加载时的应变曲线如图 5-13 和图 5-14 所示。

图 5-12　双轴双轮加载

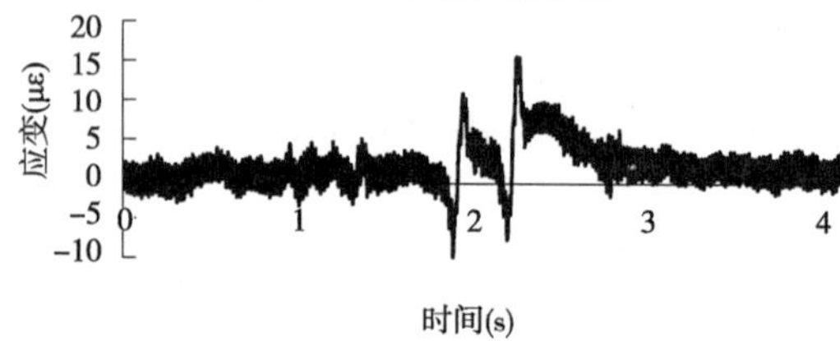

图 5-13　面层层底应变响应曲线(路面温度 12℃)

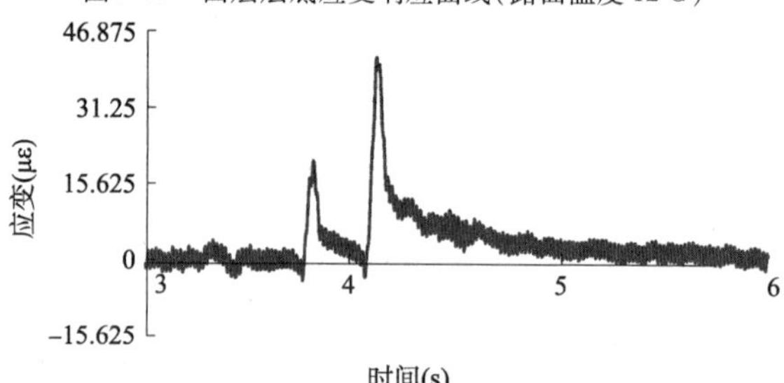

图 5-14　面层层底应变曲线(路面温度 30℃)

从图 5-13 和图 5-14 可以看出:

(1)从曲线形态上来看,双轴加载有两个峰值,前小后大。第一根轴作用时出现了一个峰值,第二根轴作用时,峰值更大一些。经分析认为这是由于沥青混合料具有黏弹性,应力回复延迟,前后轴应力叠加造成的。

(2)从时间历程上来看,第一根轴压过路面之后先出现压应变紧接着出现拉应变。通过对时间—应变数据分析,压应变维持的时间为 0.03s,拉应变维持时间为 0.1s。0.2s 后随着第二根轴压过路面,面层层底再次出现压应变,紧接着出现拉应变,压应变维持时间为 0.02s,拉应变维持时间为 0.15s。

(3)对比图5-13和图5-14可以看出,温度对沥青面层底的拉应变数据影响较大。温度越高,拉压应变幅值就越大。

5.5　沥青路面抗滑性能变化规律

沥青路面抗滑性能衰减规律和沥青混合料的材料、行车荷载、作用次数等因素有关。该研究采用双轴加速加载对沥青面层进行疲劳破坏的同时,跟踪观测路面抗滑性能衰减规律,建立沥青路面抗滑性能和荷载作用次数之间的关系。

将不同作用次数下的摩擦系数进行统计分析,得到单轴轴载作用下沥青路面摩擦系数变化规律,如图5-15所示。

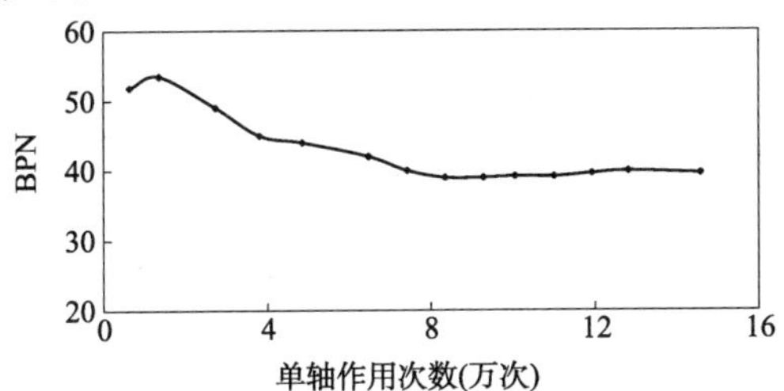

图5-15　单轴加载作用下摩擦系数变化规律

通过对不同作用次数下的摩擦系数进行统计分析,得到双轴轴载作用下沥青路面摩擦系数变化规律,如图5-16所示。

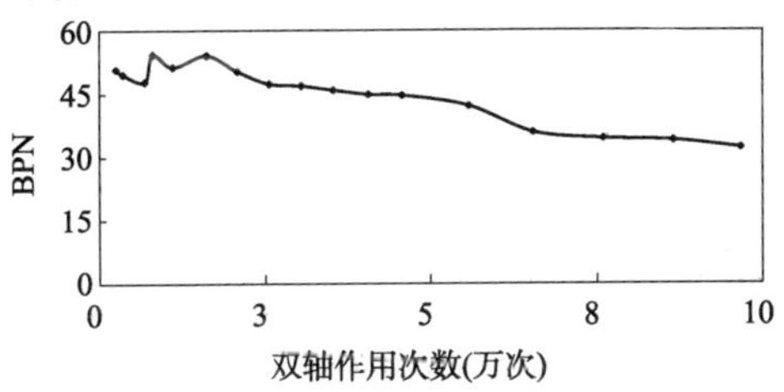

图5-16　双轴加载作用下摩擦系数变化规律

从以上结果看出,对于单轴加载,前期摆值降低较快,当加载次数达到10万次左右时,摆值基本达到40左右,之后降低缓慢。根据相关研究资料,抗滑性能衰减规律为指数形式,该研究按照指数形式进行回归,得到如下回归公式:

$$\mathrm{BPN}=62.4e^{-0.0208n}, R^2=0.942 \tag{5-1}$$

式中:BPN——摆值;

n——荷载作用次数;

R——相关系数。

对于双轴加载,前期同样降低较快,后期大约达到7万次左右时,摆值降低到35,当加载次数达到9万次时,摆值降低到32,之后降低更加缓慢。同样按照指数形式进行回归,得到如下回归公式:

$$\mathrm{BPN}=64.2\mathrm{e}^{-0.0432n}, R^2=0.915 \tag{5-2}$$

各符号含义同上。

5.6 车辙变化规律及车辙模型预测

我国公路沥青路面以弯沉作为设计指标,以沥青层层底拉应力和半刚性基层层底拉应力作为验算指标。许多测试结果和研究结果表明半刚性基层路面的弯沉值相对较小[15-17],单纯以弯沉值作为设计指标不能满足设计的需要。许多国家都将沥青路面车辙作为沥青路面设计中的一项重要控制指标[18-19]。车辙作为沥青路面破坏的主要形式之一,十分有必要对其发展变化规律进行研究[20-21]。

目前对车辙模型的预测模型可分为3类:经验法,理论—经验法,理论分析法[22-24]。

理论法或者理论—经验法采用层状体系理论计算路面的应力、位移,并结合室内外试验,统计得出沥青面层的车辙和一系列参数之间的经验关系式,不同的模型考虑的参数也不一样,包括路面剪切力、沥青混合料的种类、体积参数、劲度模量、荷载大小、温度、车辆速度等。

鲁正兰[25]通过半经验—半理论的分析方法,并结合大量的不同温度、不同压力、不同厚度的车辙试验、抗剪试验以及剪应力的计算,提出了半刚性基层沥青路面的车辙预估模型。

在交通荷载作用下,沥青路面的车辙主要来自于沥青混凝土的塑性剪切变形,考虑剪切力建立的车辙模型是比较合理的。但由于路面内部各点处的剪应力都不同,路面在使用过程无法直接测出路面内部的剪应力,使得该公式的应用受到一定的局限性。避开剪应力建立车辆荷载作用次数、路面厚度、温度和车辙之间的关系则会更加实用。

经验法多以试验路观测,数据统计回归分析为主,但该方法需要长期的试验观测数据,由于影响因素较多,而且多变,往往无法准确回归。加速加载试验过程接近真实路面实际受力过程,影响因素可以控制。

武金婷[26]采用南非MLS66加速加载设备对重载交通下高温及常温时沥青路面车辙变形的发生及发展规律进行研究,但未建立车辙发展预测模型。郑南翔[27]采用澳大利亚ALF加速加载设备,以甘肃武威地区试验路为依托,建立了该路面结构的车辙预测模型,在此基础上纪小平[28]采用同样设备提出了考虑因素更为全面的模型。

郑南翔课题组的研究采用的是单轴加载,目前我国高等级公路上的货运车辆后轴绝大多数为双轴或者是三轴,山东交通学院自主研发的加速加载设备ALT,可实现单双轴加载。该设备外形尺寸26m×3.5m×7.9m,单轴加载轴重可达280kN,双轴加载可达500kN,运行速度为10~26km/h,作用次数可达400次/小时,有效试验长度为9m,环境温度控制可达-20~70℃。

本章通过对检测得到车辙等数据进行分析,得到车辙和加载次数、温度之间的关系,建立考虑路面温度、加载次数和路面厚度的车辙预测模型。

5.6.1　试验结果与分析

1)试验工况

该试验过程共分两种工况:第一种工况为室温状况下进行加载,自2014年7月至2014年12月,其中10月份因设备维修停止加载,加载总次数为25万次。整个加载过程中并未出现疲劳裂缝,其车辙变化规律如图5-17所示。

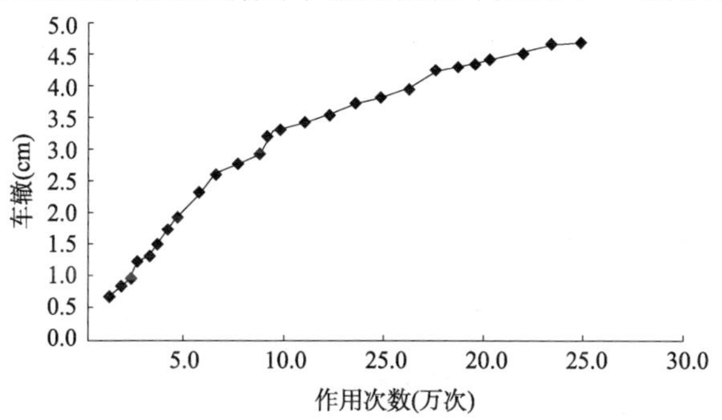

图5-17　室温条件下车辙变化规律

第二种工况恒温加载,时间为2015年5月至6月。使用ALT自带的红外线加热器,可以使路面均匀升温,加温过程中实时检测温度、面层层底应变和车辙的变化。加热时观测埋设于沥青面层内部的温度传感器,调节加热功率,使得沥青路面内部保持在42℃,其车辙变化规律如图5-18所示。

2)试验结果分析

第一种工况加载过程中沥青路面内部的温度随着室温的变化而变化,加载次数和温度之间的关系曲线如图5-19所示。

温度对车辙有较大的影响[20-24]。为了研究温度对车辙的影响规律,需要对以上加载过程分阶段进行处理。将以上数据分成三个阶段,第一个阶段取加载次数为 0 ~ 11 万次，期间温度基本不变，平均温度为 31℃；第二阶段取加载次数取 13.5 万 ~ 17.8 万次，期间温度变化较小，平均温度为 12℃，第三阶段取加载次数 18.8 万 ~ 24.5 万次，期间温度变化较小平均温度 10℃。

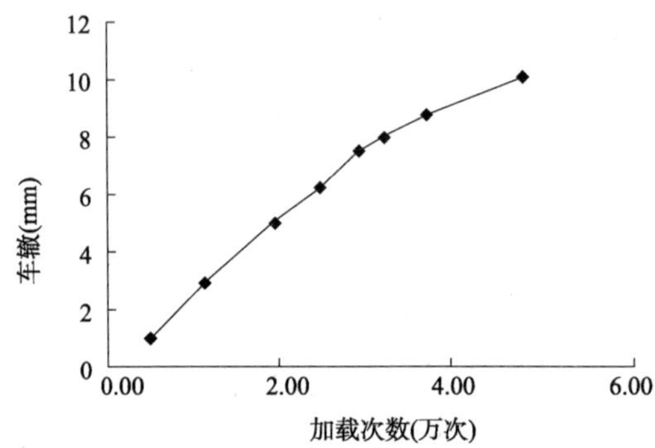

图 5-18　恒温 42℃加载过程中车辙变化规律

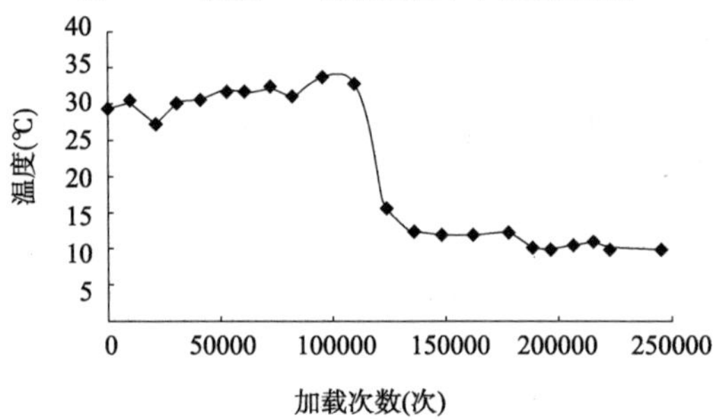

图 5-19　室温加载过程中面层内部温度变化曲线

5.6.2　双轴加载条件下的车辙模型预估

1）车辙模型的建立

经验法对车辙预估往往都是建立在真实路面结构上提出的，在因素可控的情况下，更能反映出路面整体结构对车辙的影响。1997 年 Shami[29] 根据室内试验结果提出了基于温度—轴次的沥青路面车辙预估模型，如式 5-3 所示，这是较早考虑温度和轴次影响而建立的车辙预估模型：

$$\frac{R}{R_0} = \left(\frac{T}{T_0}\right)^{2.625} \left(\frac{N}{N_0}\right)^{0.276} \tag{5-3}$$

式中：R——温度 T 和荷载作用次数 N 时车辙深度的预估值；

R_0——试验温度 T_0 和荷载作用次数 N_0 时的车辙深度；

T、N——分别为预估时的温度和荷载作用次数；

T_0、N_0——分别为试验温度和荷载作用次数。

但由于该模型是在室内车辙试验的基础上提出的,不能反映出路面整体结构和真实车辆荷载。加速加载试验是在真实车辆荷载和路面整体结构的基础上进行的,因此可以更加准确的提出车辙预估模型。东南大学[30]通过环道试验给出了车辙深度和路面厚度以及作用次数之间的关系:

$$\mathrm{RD} = H^{0.696}(a + b\log N) \tag{5-4}$$

式中:H——路面面层厚度;

N——加载次数;

a、b——回归系数。

该回归公式未考虑温度的影响。文献[27]通过加速加载试验获得面层为沥青混凝土条件时的车辙预测模型,如式(5-5)所示。该车辙模型是在实际路面结构上采用加速加载试验建立的,模型考虑了轴重的变化,具有较高的可靠性和实用性。该预测模型是在单轴加速加载试验基础上建立的,在推广应用时受到了一定的限制。

$$R = 0.0049N^{0.712}\left(\frac{T}{T_0}\right)^{6.35}\left(\frac{L}{L_0}\right)^{1.32} \tag{5-5}$$

式中:R——车辙深度;

N——加载次数;

L——预估轴载;

L_0——试验轴载;

T_0——试验温度。

根据以上研究成果和本章试验条件,在此假定车辙预估模型为:

$$\mathrm{RT} = a(T)^b(N)^c \tag{5-6}$$

式中:a、b、c——回归系数;

N——轴载作用次数;

T——作用时路面内部平均温度。

该研究中沥青面层仅为4cm,认为面层内部的温度代表面层平均温度。

由于工况一的第二阶段和第三阶段分别是在前一阶段的基础上进行的,车辙预测公式可以写为:

$$\mathrm{RT}_2 = \mathrm{RT}_1 + a(T)^b(N)^c \tag{5-7}$$

$$\mathrm{RT}_3 = \mathrm{RT}_1 + \mathrm{RT}_2 \tag{5-8}$$

式中:RT_1、T_1、N_1——分别为第一阶段的车辙深度、加载过程中的温度和加载次数;

RT_2、T_2、N_2——分别为第二阶段的车辙深度、加载过程中的温度和加载次数。

当把前一阶段产生的车辙量减掉之后，三种情况下的车辙变化发展规律都可以写为：$RT = a(T)^{b}(N)^{c}$。

该方程为非线性方程，回归存在一定的难度，可改写为：

$$\mathrm{In}(RT) = \beta_0 + \beta_1 \times \mathrm{In}(T) + \beta_2 \times \mathrm{In}(N) \tag{5-9}$$

其中，$\beta_0 = \mathrm{In}(a)$，$\beta_1 = b$，$\beta_2 = c$，为回归系数。

回归方程变为线性回归问题，得以简化。根据以上两种工况，4 种温度情况下所测出的数据进行多元回归分析，得到 β_0、β_1、β_2，求得 a、b、c，从而得到该试验路面结构下的双轴加载条件下车辙预估模型为：

$$RT = 0.00125 \times (T)^{1.946}(N)^{0.7112} \tag{5-10}$$

相关系数：$R^2 = 0.926$。

其中：T 为路面内部平均温度；N 为双轴双轮轴重 160kN 条件下的轴载作用次数（万次）。

2）模型修正

该研究所得到的计算模型是基于加速加载试验提出的，其成立的基础为典型的薄沥青面层、高强度半刚性基层结构。由于沥青路面面层厚度都较大，为了使该公式具有推广应用价值，需要考虑路面厚度对车辙的影响。国内外许多研究表明，车辙深度随路面厚度呈非线性增长，文献[31]、[32]的研究认为辙深度与厚度用乘幂关系拟合，相关性系数比线性关系更好。文献[11]通过 4cm、5cm、6cm 的不同厚度试件大量轮辙试验，获得车辙深度与作用次数之间的关系，得出车辙深度与厚度成幂关系，幂系数为 0.4825。文献[28]通过 ALF 对三种不同的路面结构进行加速加载试验，也得出车辙深度与厚度成幂关系，幂系数为 0.5542。以上两个研究结果两者相差不大，由于该试验采用的沥青路面厚度为 4cm，试验路面厚度上更接近前者的研究，因此取幂系数 0.4825。

本章加速加载试验是在 4cm 厚度的沥青混凝土路面上进行的，回归公式考虑了加载次数和路面温度，进行路面厚度修正时需要采用 $h/4$ 为底数幂系数为 0.4825。半刚性基层沥青混凝土面层双轴加载条件下的车辙模型预测公式修改为：

$$RT = 0.00125 \times (T)^{1.946}(N)^{0.7112}\left(\frac{h}{4}\right)^{0.4825} \tag{5-11}$$

式中：RT——预测的车辙深度（mm）；

T——路面温度；

N——双轴双轮轴重 160kN 条件下的轴载作用次数（万次）；

h——面层厚度（cm）。

3）模型对比分析

利用加速加载试验进行车辙模型研究的成果较少，文献[27]给出了单轴加速加载条件下的车辙预测公式。按照式（5-11）对路面温度分别为 30℃、40℃和 50℃，路面厚度 15cm，加载轴为双轴双轮组，轴重 160kN 条件下车辙进行计算；在相同条件下按照单轴车辙预测公式对车辙发展进行计算，然后对两者进行对比，结果如图 5-20～图 5-22 所示。

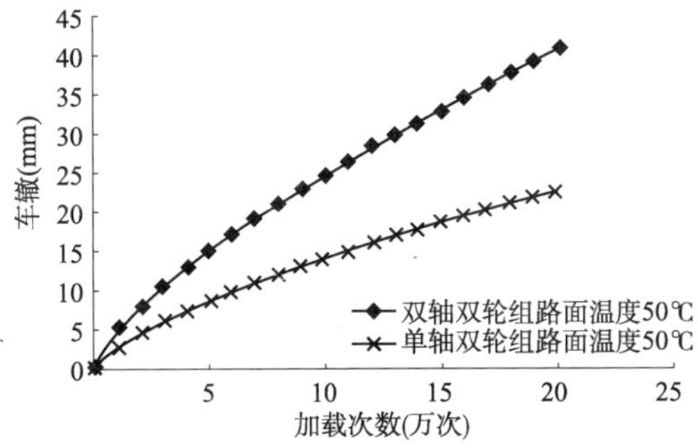

图 5-20　路面温度 50℃车辙预测对比

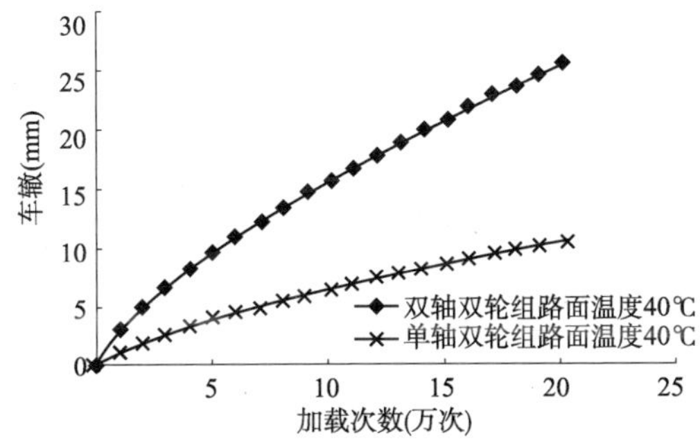

图 5-21　路面温度 40℃车辙预测对比

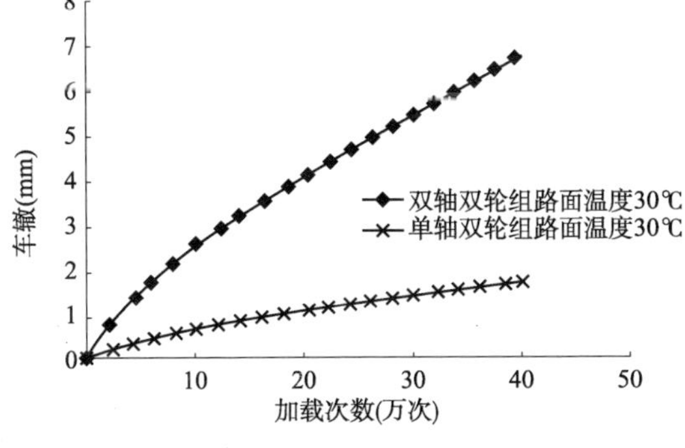

图 5-22　路面温度 30℃车辙预测对比

从以上3图可以看出,两个预测公式关于车辙的发展变化规律大体一致,按照本章给出的双轴加载车辙预测公式,车辙深度明显要大于单轴加载车辙。这是由于双轴加载过程中,加载峰值有两个,沥青路面在较短时间内经受了两次加载所致。

如能按照车辙深度贡献等效原则将双轴转化成为单轴,就可以对两者进行进一步对比。由于目前没有将两者进行等效转换的研究成果,在此参考公路沥青路面设计规范中的当量轴载转换方法,按照轴数系数2.2进行转换,然后再进行对比,计算结果如图5-23~图5-25所示。

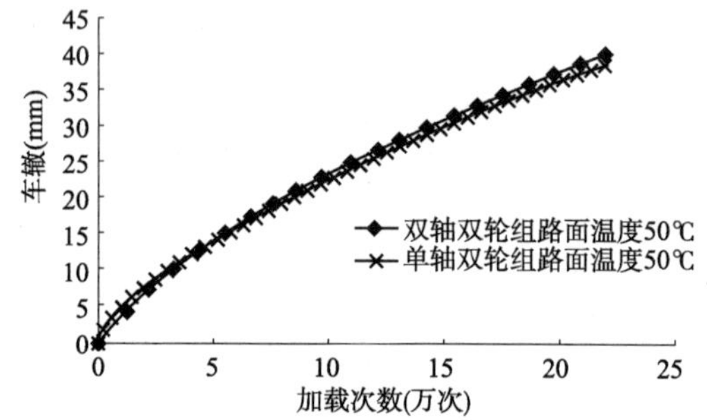

图5-23　路面温度50℃车辙预测对比

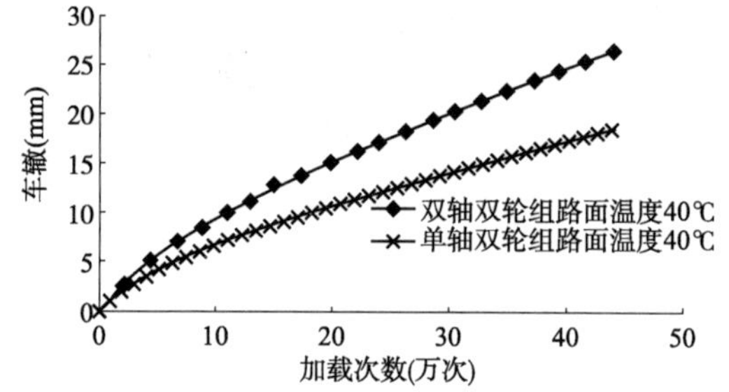

图5-24　路面温度40℃车辙预测对比

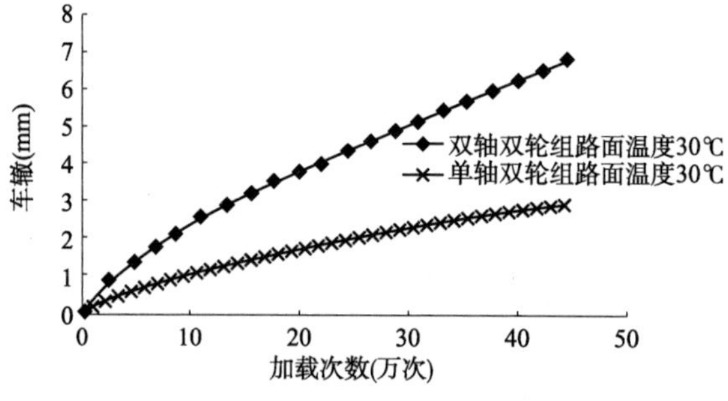

图5-25　路面温度30℃车辙预测对比

从以上3图可以看出,路面温度在50℃时,两个模型相似度极高,预测结果基本一致。但在温度为 40℃ 和 30℃ 时，两者存在一定的差异，这可能是因为文献[22]和本章所建立的模型环境条件不同导致的。

5.7 本章小结

本章通过对室内沥青面层试验路进行双轴加速加载试验，监测不同工况下应变变化情况、车辙变化规律、弯沉变化规律、摩擦系数变化规律，通过数据分析与处理得到如下主要结论：

(1)双轴双轮组加载时，沥青路面内部先后两次出现拉应变峰值，第二次的峰值高于第一次。

(2)给出单双加载情况下的摩擦系数变化规律，并建立回归关系。

(3)给出了双轴加载情况下弯沉变化规律。

(4)建立起了轴重 160kN 双轴双轮组加载条件下，考虑温度、加载次数和沥青面层厚度的车辙预测模型，并和已有的单轴双轮组加载研究成果对比分析了该模型的正确性和差异性。

(5)同样加载次数条件下，双轴加载车辙深度大于单轴加载车辙深度。

(6)由于受试验条件的限制，仅对薄沥青混凝土面层半刚性基层的路面结构进行了加速加载试验，今后可对不同的路面结构进行试验，从而提出合理的车辙预测模型。

本章参考文献

[1] Yeo Insoo, Suh Youngchan Mun Sungho. Development of a remaining fatigue life model for asphalt black base through accelerated pavement testing[J]. Construction and Building Materials, 2008, 22(8): 1881-1886.

[2] Perez S A, Balay J M, Tamagny P, Peti Ch. Accelerated pavement testing and modeling of reflective cracking in pavement [J]. Engineering Failure Analysis, 2007, 14(8): 1526-1537.

[3] Sirin Okan, Tia Mang, Roque Reynaldo, et al. Evaluation of performance characteristics of the heavy vehicle simulator in Florida[J]. Building and Environment, 2007, 42(3): 1270-1277.

[4] Choubane Bouzid, Gokhale Salil, Sholar Gregory, et al. Evaluation of coarse and fine graded superpave mixtures under accelerated pavement testing. Transportation Re-

search Record, Pavement Management, Monitoring, Evaluation and Data Storage and Accelerated Testing, 2006, 1974: 120-127.

[5] Theyse H. L., Hoover T. P., Harvey J. T., et al. A mechanistic – empirical subgrade design model based on heavy vehicle simulator test results. Pavement Mechanics and Performance, 2006, 154: 195-202.

[6] Hugo Fred, De Vos, Eben R, et al. Aspects of cement stabilized mozambique sand base material performance under MMLS3 and MLS10 APT trafficking[C]. SATC 2007 – 26th Annual Southern African Transport Conference: The Challenges of Implementing Policy, SATC 2007 – 26th Annual Southern African Transport Conference: The Challenges of Implementing Policy, 2007: 821-844.

[7] Guo Runhua, Prozzi Jorge A. Calibrating the aging difference between in-service fatigue performance of flexible pavements and accelerated pavement testing[C]. Proceedings of the 2006 Airfield and Highway Pavement Specialty Conference, 2006: 98-106.

[8] 周刚,周进川,华斌,等. 沥青路面结构永久变形环道试验研究[J]. 同济大学学报(自然科学版),2008,36(2).

[9] 杨军,崔娟,史啸,等. 沥青混凝土路面抗车辙性能环道试验[J]. 东南大学学报(自然科学版),2006,36(4).

[10] 黄晓明,张晓冰,邓学钧. 沥青路面车辙形成规律环道试验研究[J]. 东南大学学报(自然科学版),2000(5).

[11] 孟书涛,魏道新. SMA 沥青路面抗车辙性能研究[J]. 公路交通科技,2005(12).

[12] 孟书涛. 半刚性基层沥青路面性能的加速加载试验研究[J]. 公路交通科技,1997,14(1):59-64.

[13] 李宇峙,邵腊庚,张起森. 钢桥桥面沥青铺装层直道试验研究[J]. 公路,2001(1).

[14] 张起森,李宇峙,邵腊根,等. 厦门海沧大桥桥面沥青铺装层直道疲劳试验研究[J]. 中国公路学报,2001(1).

[15] 张志清,张勇,李东辰,等. 以车辙作为沥青路面设计指标的探讨[J]. 北京工业大学学报,2008,34(8):848-851.

Zhang Zhiqing, Zhang Yong, Li Dongchen, et al. Rutting as An Index in Asphalt Pavement Design[J]. Journal of Beijing University of Technology, 2008, 34(8): 848-851.

[16] 杨永顺,王林,韦金城,等. 重载作用下典型路面结构动态响应数据采集与分析[J]. 公路交通科技,2007,27(5):11-16.

Yang Yongshun,Wang Lin,Wei Jincheng,et al. Typical Pavement Structure Dynamic Response Data Collection and Analysis under Heavy Vehicle Loading[J]. Journal of Highway and Transportation Research and Development,2007,27(5):11-16.

[17] 董忠红,郑仲浪,吕彭民. 车辆速度对沥青路面动力响应影响试验研究[J]. 郑州大学学报(工学版),2008,29(2):123-126.

Dong Zhonghong,Zheng Zhonglang,Lv Pengmin. Experiment Study on the Influence of the Vehicle Velocity on the Asphalt Pavement Dynamic Response[J]. Journal of Zhengzhou University (Engineering Science),2008,29(2):123-126.

[18] Haddock J E. Hand A J T,Fang Hongbing,etal. Determining layer contributions to rutting by surface profile analysis[J]. Journal of transportation engineering, 2005,131(2):131-139.

[19] 姚祖康. 对国外沥青路面设计指标的评述(续)[J]. 公路,2003,48(4):49-54.

Yao Zukang. Asphalt Pavement Design Parameters in Foreign Countries (Continued)[J]. Highway,2003,48(4):49-54.

[20] 何兆益,雷婷,王国清,等. 基于动力问题的高等级公路沥青路面车辙预估方法[J]. 土木工程学报,2007,40(3):104-109.

He Zhaoyi,Lei Ting. Wang Guoqing,et al. Calculation Method for Prediction of Highway Asphalt Pavement Rutting under Dynamic Loading[J]. China Civil Engineering Journal,2007,40(3):104-109.

[21] 苏凯,王春晖,周刚,等. 基于加速加载试验的沥青路面车辙预估研究[J]. 同济大学学报(自然科学版),2008,36(4):493-497.

Su Kai,Wang Chunhui,Zhou Gang,et al. Rutting Prediction Model for Asphalt Concrete Pavements Based on Accelerated Pavement Test[J]. Journal of Tongji University (Natural Science),2008,36(4):493-497.

[22] 陈光伟,刘黎萍,苏凯,等. 基于沥青路面抗剪性能的车辙预估模型标定[J]. 西南交通大学学报,2013,48(4):672-677.

Chen Guangwei,Liu Liping,Su Kai,et al. Rutting Model Considering Shear Behavior of Asphalt Pavement[J]. Journal of Southwest Jiaotong University,2013,48(4):672-677.

[23] 彭妙娟,许志鸿. 沥青路面车辙预估方法[J]. 同济大学学报(自然科学版),2004,32(11):1457-1460.

Peng Miaojuan, Xu Zhihong. Methods of Rutting Prediction in Asphalt Pavements [J]. Journal of Tongji University (Natural Science),2004,32(11):1457-1460.

[24] 何兆益,汪凡,朱磊,等. 基于 Johnson – Cook 黏塑性模型的沥青路面车辙计算[J]. 重庆交通大学学报(自然科学版),2010,29(1):49-53.

He Zhaoyi, Wang Fan, Zhu Lei, et al. Rutting Caculaiton of Asphalt Pavement Based on the Johnson – Cook Viscoplastic Model[J]. Journal of Chongqing Jiaotong university (natural science edition),2010,29(1):49-53.

[25] 鲁正兰,孙立军. 沥青路面车辙预估方法的研究[J]. 同济大学学报(自然科学版),2007,35(11):1476-1479.

Lu Zhenglan, Sun Lijun. Research on Rutting Prediction of Asphalt Pavement [J]. Journal of Tongji University (Natural Science),2007,35(11):1476-1479.

[26] 武金婷,叶奋. 基于 MLS66 加速加载试验的沥青路面车辙变形分析[J]. 建筑材料学学报,2014,17(3):406-412.

Wu Jinting, Ye Fen. Analysis for Rutting Deformation of Asphalt Pavement Based on Accelerated Pavement Testing with MLS66[J]. Journal of Buliding Maerials, 2014,17(3):406-412.

[27] 郑南翔,牛思胜,许新权. 重载沥青路面车辙预估的温度—轴载—轴次模型[J]. 中国公路学报,2009,22(3):8-13.

Zheng Nanxiang, Niu Sisheng, Xu Xinquan. Temperature, Axle Load and Axle Load Frequency Model of Rutting Prediction of Heavy-duty Asphalt Pavement[J]. China Journal of Highway and Transport,2009,22(3):8-13.

[28] 纪小平,郑南翔,刘艳,等. 沥青路面足尺加速加载车辙预估[J]. 北京工业大学学报,2013,39(3):373-377.

Ji Xiaoping, Zheng Nanxiang, Liu Yan, et al. Rutting Prediction of Asphalt Pavement with Full-scale ALF Test[J]. Journal of Beijing University of Technology, 2013,39(3):373-377.

[29] H Shami, J Lai, J, DAngelo, et al. Development of Temperature-effect Model for Predicting Rutting of Asphalt Mixtures Using Georgia Loaded Wheel Tester[J]. Transportation Research Record Journal of the Transportation Research Board, 1997,1590(1):17-22.

[30] 黄晓明,张晓冰,邓学钧. 沥青路面车辙形成规律环道试验研究[J]. 东南大

学学报(自然科学版),2000,30(5):96-101.

Huang Xiaoming,Zhang Xiaobing,Deng Xuejun. Asphalt Pavement Rutting Prediction of High-Grade Highway[J]. Journal of Southeast University (Natural Science Edition),2000,30(5):96-101.

[31] 栗培龙,李洪华,张争奇,等. 沥青混合料车辙进程影响因素及预估模型研究[J]. 武汉理工大学学报,2011,33(7):57-61.

Research on influencing factors and prediction model of rutting process for asphalt mixture[J]. Journal of Wuhan university of technology,2011,33(7):57-61.

[32] 石立万,王端宜,吴瑞麟. 温度荷载联合作用下沥青路面全厚度车辙研究[J]. 华中科技大学学报(自然科学版),2013,41(11):37-40.

Shi Liwan,Wng Duanyi,Wu Ruilin. Common Effects of Temperature and Load on Total Thickness Rutting of Asphalt Pavement[J]. Journal of Huazhong University of Science and Technology (Natural Science Edition),2013,41(11):37-40.

第 6 章　基于加速加载试验的沥青路面疲劳模型研究

随着公路交通量日益增长,汽车轴重不断增大,汽车对路面的破坏作用变得越来越明显。路面使用期间,在气温环境影响下,经受车轮荷载的反复作用,长期处于应力应变交迭变化状态,致使路面强度逐渐下降。当荷载重复作用超过一定次数以后,在荷载作用下,路面内产生的应力就会超过强度下降后的结构抗力,使路面出现裂纹,产生疲劳断裂破坏。

理论和实践都表明[1],在移动车轮荷载作用下,路面结构内各点处于不同应力应变状态,如图 6-1 所示。路面面层层底 B 点处于三向应力状态。车轮作用其上时 B 点(图 6-2)受到全拉应力作用。当车轮驶过一定距离后,B 点则承受主压应力作用。这一规律在本书第 5 章中的单轴加速加载作用下沥青面层层底的应变变化规律中也可以看出。

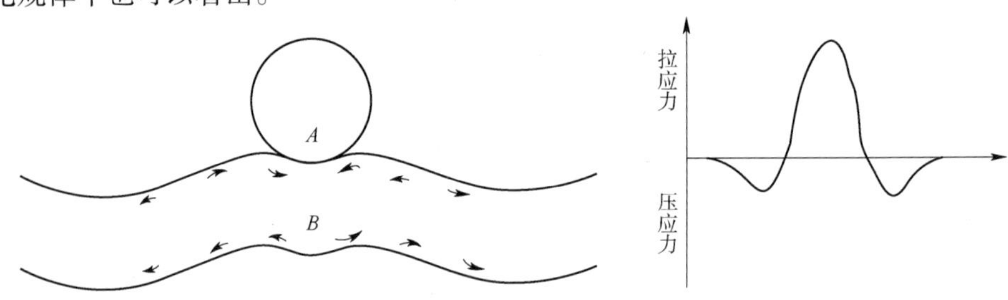

图 6-1　沥青路面受力状态　　　　图 6-2　B 点应变变化规律

路面在整个使用过程中,长期处于应力(应变)重复循环变化的状态。由于路面材料的抗压强度远大于抗拉强度,而面层底部 B 点在车轮下所受的拉应力较之表面 A 点在车轮驶近或驶过后产生的拉应力要大得多,因此在荷载重复作用下路面裂缝通常从面层底部开始发生。路面疲劳设计大多数以面层底部拉应力或拉应变作为控制指标。

6.1　沥青混合料疲劳试验方法

国内外研究者通过不同途径研究沥青混合料的疲劳性能,提出了不同的沥青混合料疲劳模型,这些模型可归为三类:现象学模型、断裂力学模型和能耗模型,其中现象学法研究成果最多。

现象学中,通常把材料出现疲劳破坏的重复应力值称为疲劳强度,相应的应力重复作用次数称为疲劳寿命。由于试验方法不同,疲劳破坏状态明显不同,因此疲劳寿命可以采用两种量度表示,即服务寿命和破坏寿命。服务寿命为试件能力降低到某种预定状态所必需的加载累计次数;破坏寿命为试件完全破裂所必需的加载累计次数。如果试件破坏都被定义在连续重复加载下完全裂开时,则服务寿命与破坏寿命两者相等。

道路疲劳试验分为 3 种类型[2-5]:一是以美国试验路为代表,进行实际路面在真实车辆荷载作用下的疲劳破坏试验;二是足尺路面结构在模拟车辆荷载作用下的疲劳试验,包括环道试验和模拟加速加载设备加载试验。国外主要有澳大利亚的加载设备、南非国立道路研究所的重载车辆模拟车、美国华盛顿州立大学的室外大型环道疲劳试验,国内主要有交通运输部公路科学研究院的加载设备和重庆公路科学研究院的室内大型环道疲劳试验,这一点在第五章中已经论述过;三是试验室小型试件的疲劳试验。疲劳试验的试件形式多样,北美大多数采用梁式试件进行疲劳试验;欧洲大多数采用悬臂梯形梁试件,在其端部施加正弦反复荷载;也有采用圆柱体试件,进行间接拉伸疲劳试验的。

现场试验路周期长,影响因素多,而且难以控制,往往无法准确分析影响因素对路面疲劳破坏的影响;沥青混合料室内小型疲劳试验的方法较多,但室内试件的试验方法主要研究沥青混合料试件的疲劳特性,脱离了路面实际受力状态和环境的影响,所以试验结果和实际情况相差较大,加速加载试验能更加真实的模拟路面实际受力状态,从而能更好地模拟出沥青路面疲劳破坏的过程[6-8]。然而加速加载设备耗资巨大,加载周期长,无法广泛推广。大型多功能 MTS 试验机,可模拟车辆运动荷载并且可以将荷载直接施加在室内修筑的等厚度路基路面模型上,实现路面结构的快速疲劳破坏试验。

6.2　影响沥青路面疲劳的因素

6.2.1　荷载条件

1)试验控制模式[1-15]

沥青混合料疲劳试验的试验控制模式主要有两种,即应力控制和应变控制。应力控制方式是指反复加载过程中所施加荷载(或应力)的峰谷值始终保持不变,

随着加载次数的增加最终导致试件断裂破坏。这种控制方式以完全断裂作为疲劳损坏的标准。试验结果常采用下式来表示:

$$N_f = k\left(\frac{1}{\sigma}\right)^n \tag{6-1}$$

式中:N_f——试件破坏时加载次数;

k、n——取决于沥青混合料成分和特性的常数;

σ——对试件每次施加的常量应力最大幅值。

应变控制方式是指反复加载过程中始终保持挠度或试件底部应变峰谷值不变,由于在这种控制方式下,试件通常不会出现明显的断裂破坏,一般以混合料劲度下降到初始劲度50%或更低为疲劳破坏标准。试验结果常采用如下公式来表示:

$$N = C\left(\frac{1}{\varepsilon}\right) \tag{6-2}$$

式中:N——混合料劲度下降为初始劲度50%或更低时的次数;

ε——对试件每次施加的常量应变最大幅度;

C——取决于沥青混合料成分的常数。

通常认为应变控制模式更适用于较薄的路面,应力控制模式适用于较厚的路面。从试验操作及方便性来讲,大多采用应力控制模式。当采用应变控制模式时,一般以其劲度下降至初始劲度的50%为标准,这具有一定的随意性,试件一般不会出现明显断裂破坏,且技术应用上存在一定困难。

2)加载频率

吕松涛[16]通过对我国沥青路面常用的AC-13C沥青混合料进行大量的强度与疲劳试验,根据试验结果,得到如下结论:加载速率对沥青混合料直接拉伸强度有显著的影响,在一定加载速率范围内,直接拉伸强度随加载速率的增大而增大,二者呈幂函数规律变化。

为了分析加载频率对沥青混合料疲劳寿命的影响,在试验室内利用MTS对SMA-13沥青混合料进行单点弯曲疲劳试验,半正弦波加载,无间歇,温度15℃,得到荷载频率和荷载作用次数之间的关系曲线,如图6-3所示。

从图6-3可以明显看出,随着荷载频率的增加,荷载疲劳破坏次数明显增加。

3)荷载间歇时间

路面在承受车辆荷载时,在车辆前后车轮之间或前后车辆之间都有间隔时间。由于沥青材料具有黏弹性性质,故在荷载之间的间歇时间内沥青路面将产生有利于疲劳微细裂缝愈合的内部应力,因而可以延长其疲劳寿命,野外的现场观测和室内试验都证明了这点。通过研究表明,改变荷载波谱形式对疲劳性能的影响不是太大,但是荷载之间的间歇时间对疲劳性能则有较大的影响。

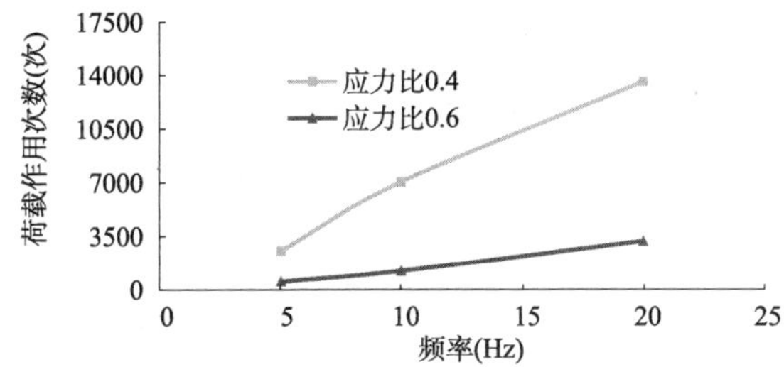

图 6-3 不同加载频率下 SMA-13 弯曲疲劳作用次数

为了考虑疲劳加载过程中间歇时间对疲劳性能的影响,瞿鑫等[17]采用有间歇时间与无间歇时间两种加载方式,得到如图 6-4 的结果。

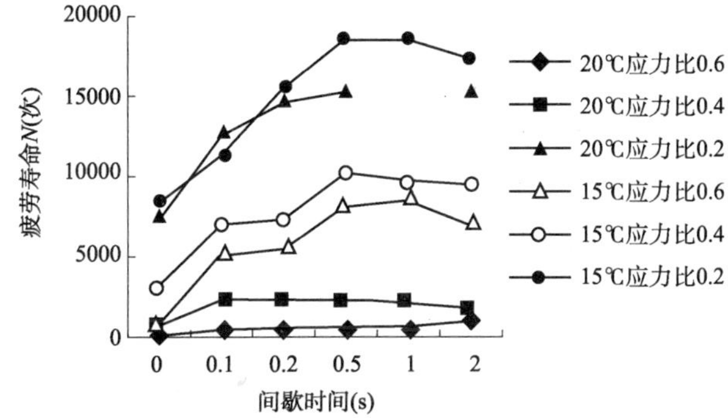

图 6-4 疲劳寿命次数和荷载间歇时间之间的关系

相同条件下,沥青混合料有间歇时间的疲劳寿命明显长于无间歇的疲劳寿命,这主要是因为加载时的损伤在间歇过程中会产生一定程度的愈合效应,疲劳寿命会比无间歇时间条件时延长;在间歇时间达到 0.5s 之前疲劳寿命是随着间歇时间的延长而显著增加的,间歇时间达到 0.5s 之后,间歇时间的继续增加对疲劳寿命增长的影响不再明显。

6.2.2 材料性质

1)混合料劲度模量[1,18]

沥青混合料是一种弹性—黏塑性材料,在应力—应变关系中呈现出不同的性质。有时仅呈现为弹性性质,有时则主要呈黏塑性性质。沥青混合料呈现为弹性还是黏塑性质决定于荷载作用时间与松弛时间的比值。若荷载作用时间比应力松弛时间短得多,材料就呈现为理想的弹性体。反之,若荷载作用的时间比应力松弛时间长得多,则呈现为黏塑性体。沥青混合料的应力—应变特性,不仅同荷载大小和作用时间有关,而且与材料的温度有关。考虑到荷载作用时间和温度对沥青及沥青混合料应力—应变特性的影响,C·范德甫(Vander Poel)提出用劲度模量(简称劲度)作为表征弹—黏塑材料的性质指标。所谓劲度模量,就是材料在给定的荷载作用时间和温度条件下应力与总应变的比值,即 $S_{t,T}=(\sigma/\varepsilon)_{t,T}$。

从疲劳观点来看,沥青混合料的劲度模量是一个重要的指标。任何影响混合料劲度的因素,诸如集料与沥青的性质、沥青用量、混合料的压实度与空隙率,以及反映车辆行驶速度的加载时间和所处的环境温度条件等都将会影响到它的疲劳寿命。

2)沥青的种类[19]

沥青的品种对混合料的疲劳性能影响较显著。它对混合料疲劳寿命的影响基本上可以用它对于混合料劲度的作用来衡量。在控制应力的加载模式下,疲劳寿命随沥青硬度的增加而增大;在控制应变的加载模式下,则出现相反的情况,即沥青越软,疲劳寿命越长。沥青软硬程度可以用沥青的针入度或软化点来表示。研究表明,在一定的沥青用量下,沥青的软化点越高,混合料的疲劳寿命就越长。

3)混合料的沥青用量

在集料级配一定的情况下,沥青用量的增加会导致沥青饱和度提高和沥青膜厚度增加,这样会显著影响沥青混合料的疲劳寿命。研究表明,在控制应力的加载模式下,相应于混合料的最大疲劳寿命有一个最佳的沥青用量,这个沥青用量不仅与矿料的级配有关,而且与集料的种类有关,通常与最大混合料劲度所需的最佳沥青用量相符;而在控制应变的加载模式下,混合料疲劳寿命随沥青用量的增加而增大[20]。

杜群乐[21]采用应力控制模式对旋转压实剪切试验机(GTM)旋转压实的沥青混合料的疲劳性能进行两种沥青用量下疲劳寿命研究,将不同油石质量比在相同空隙率下的疲劳曲线进行比较,得到如图 6-5、图 6-6 所示的结果,其中 N_f 为疲劳寿命次数,σ_t 为施加的应力。

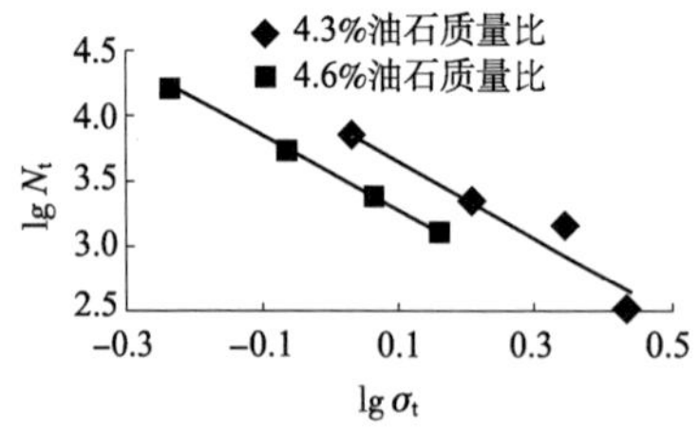

图 6-5　AC13 混合料 4% 空隙率的疲劳寿命比较

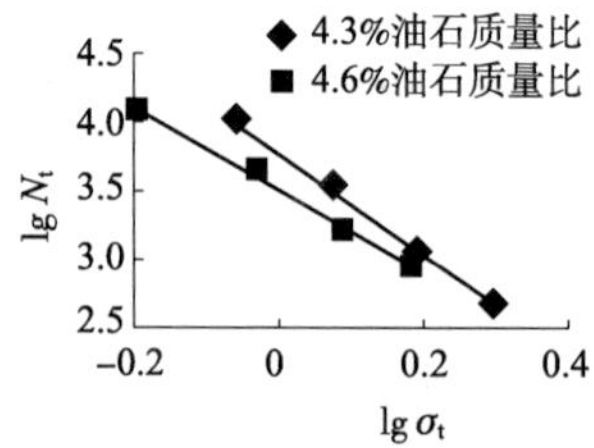

图 6-6　AC13 混合料 6% 空隙率的疲劳寿命比较

从图6-5和图6-6中可以看出，当空隙率分别为4%和6%时，4.3%油石质量比的疲劳寿命均优于4.6%时的疲劳寿命。

黄卫东[22]参考美国国家公路与运输协会(AASHTO)标准TP8要求，根据我国沥青混合料的成型现状，采用材料试验机(Material Test System，MTS)控制加载，选择改进的三分点加载小梁弯曲疲劳试验对橡胶沥青混合料疲劳性能影响因素进行了研究，在5个沥青用量(油石质量比7.7%～9.7%)下进行小梁疲劳试验对比，试验结果如图6-7所示。

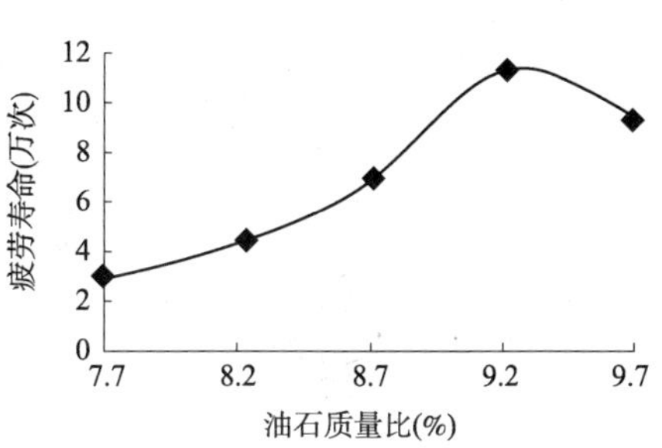

图6-7　沥青用量对疲劳寿命的影响

从图6-7中可以看到，当油石质量比在7.7%～9.2%时，随着沥青用量的增加，沥青混合料的疲劳寿命不断增加，并且增加速度逐渐增大；当比值增加到9.2%时，疲劳寿命达到了最高点，随后出现下降。试验结果表明，对应于橡胶沥青混合料的最大疲劳寿命存在着一个最佳的沥青用量。对于橡胶沥青来说，用量太少时黏结力较低，太多则会在混合料中形成过厚的自由沥青膜，这些都会降低混合料疲劳性能。

4)混合料的空隙率

沥青混合料的空隙率对疲劳寿命的影响很大。试验结果表明，混合料的疲劳寿命随空隙率的降低而显著增长。这个规律，既适用于控制应力加载模式的试验，也适用于控制应变加载模式的试验。美国18个州53项道路工程12年的实践证明，每增加1%空隙率，疲劳寿命会降低40%[23]。

黄卫东[22]的研究结果也表明在正常的空隙率范围内，随着空隙率的增加，橡胶沥青混合料的疲劳寿命逐渐减小，如图6-8所示。

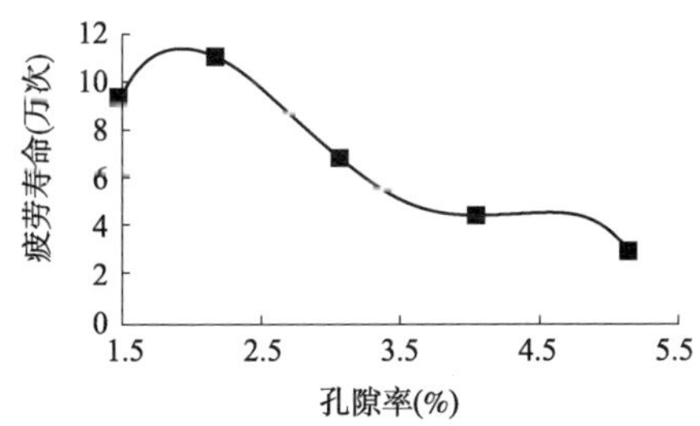

图6-8　孔隙率和疲劳寿命之间的关系

5)集料的表面性状和强度[24]

集料的级配及其形状提供了材料的内摩擦力和承载力，来抵抗车辆荷载。集料的性质直接影响自身抵抗压碎能力和与沥青的黏结性能：如果集料和沥青的黏结力较差，易产生裂缝以及裂缝的扩展直至贯穿整个沥青混合料；如果粗集料抗压碎能力不足，粗集料自身也会产生裂缝，这样更容易导致沥青混合料的开裂。集料的抗压碎性越强，裂缝发展过程所需要的能量就越多。因此,裂缝在材料内部开展的形式一种是将粗集料直接贯穿,另一种则是沿绕开粗集料的方向开展,如图6-9所示。

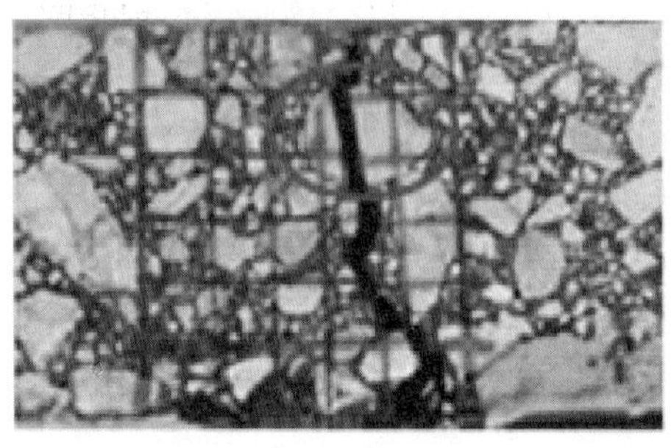

a)石灰石

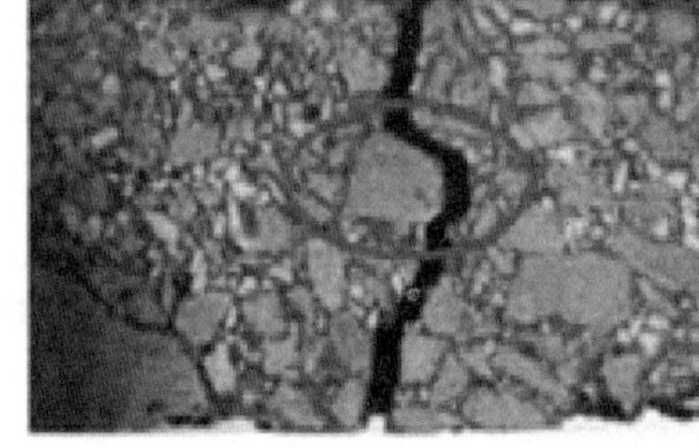

b)辉绿岩

图6-9 集料对混合料破坏的影响

集料表面性状(如纹理、形状等)对沥青混合料疲劳性能也有影响[25]。表面粗糙、棱角性好的集料,通常由于难以压实而造成较高的空隙率,从而缩短混合料疲劳寿命;但粗糙有棱角的集料,可以产生劲度高的沥青混合料,影响混合料疲劳性能。集料级配对于混合料疲劳性能的影响主要是由于混合料的空隙率不同造成的。一般而言,密级配沥青混合料较开级配混合料具有较低的空隙率,因而具有更好的疲劳性能。

6.2.3 环境条件

1)温度

沥青混合料感温性强,温度对疲劳性能有较大的影响。为了分析温度对沥青混合料疲劳寿命的影响,利用对AC－13沥青混合料进行劈裂疲劳试验,应力控制模式,0.25应力比,半正弦波加载,荷载无间歇,频率为5Hz,得到温度和荷载作用次数之间的关系曲线,如图6-10所示。

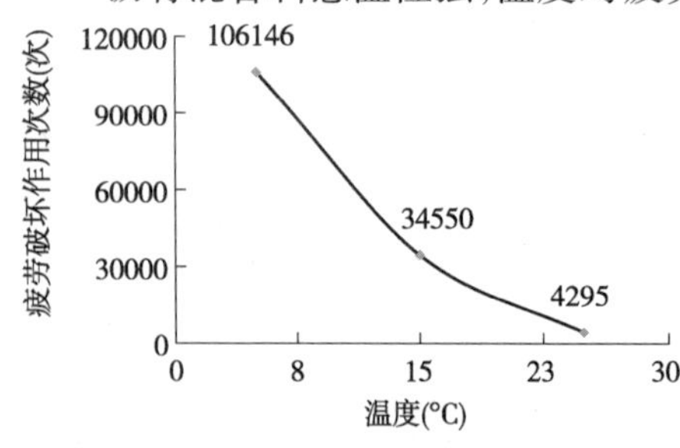

图6-10 温度对沥青混料疲劳寿命的影响

从图6-10可以明显看出,在应力控制模式条件下,温度对沥青混合料的疲劳寿命影响极大。一定温度范围内,温度越高,疲劳寿命次数就越低。温度5℃时沥青混合料的疲劳寿命为106146次,15℃时沥青混合料的疲劳寿命约为5℃时的32.5%,25℃时沥青混合料的疲劳寿命仅为15℃时的12.4%,5℃时的4.0%。

温度对于疲劳性能的影响可以用混合料劲度来解释。温度在一定限度内下降时,沥青混合料的劲度增大,试件在承受一定应力的条件下所产生的应变就小,因而有较长的疲劳寿命。

2)水的影响

秦旻[26]采用英国 CRT7-NU14 气动伺服沥青材料试验机,控制应力加载模式,波形为连续式半弦波,试验加载频率为 10Hz,无间歇时间对有水和无水两种工况下的 AC－25 沥青混凝土进行疲劳破坏试验。试验结果表明:在相同的温度和应力作用下,Ⅰ型、Ⅱ型和Ⅲ型 3 种级配沥青混合料无水条件下的疲劳寿命均大于有水状态下的疲劳寿命,两者之差异反映了水对混合料疲劳性能的影响。以Ⅰ型级配混合料应力 0.4 MPa 为例,无水条件下的沥青混凝土疲劳寿命为 10907.47 次;经水损害作用后疲劳寿命为 2688.67 次,后者只有前者的 24.6%;对于Ⅱ型和Ⅲ型两种级配混合料,水作用后的疲劳寿命都仅约为未经水作用的 30%。

6.3　柔性基层沥青路面疲劳破坏研究

大型 MTS 模拟动荷载作用下的疲劳试验结果和加速加载作用下的半刚性基层沥青路面疲劳破坏试验结果都表明:半刚性基层沥青路面的层底拉应变较小,几乎不会出现疲劳裂缝。柔性基层整体强度较低,路面竖向变形较大,层底产生较大拉应变,适合进行疲劳破坏试验。本章铺筑柔性基层沥青路面试验路,在沥青面层底部安设应变传感器,进行加速加载试验,试验过程中对路面疲劳裂缝进行跟踪观测,直至路面出现疲劳破坏,通过数据分析建立加速加载条件下沥青路面疲劳破坏方程。

6.3.1　柔性基层试验路试验路结构

较厚的沥青层层底拉应变较小,路面很难产生疲劳开裂,该研究采用较薄沥青面层的级配碎石基层进行试验,从而增大面层层底拉应变,加速路面的疲劳开裂。设计了两种路面结构,如表 6-1 所示。试验路有效加载距离为 8m,每种路面结构长度为 4m。

试验路路面结构　　表 6-1

路面结构	结构一	结构二
面层	9cm AC－13	7cm AC－13
基层	39cm 级配碎石	39cm 级配碎石
路基	黏土	黏土

6.3.2 沥青面层材料参数

根据调整后的生产级配曲线,确定混合料的最佳油石比。按照设计规范确定AC-13沥青混合料的最佳沥青用量为4.8%。在最佳沥青用量下,成型马歇尔试件,试件的体积参数和力学指标见表6-2。

马歇尔试件体积参数　　表6-2

混合料类型	最佳沥青用量(%)	试件密度(g/cm^3)	VV	VMA	VFA
AC-13	4.8	2.53	3.9	13.4	72.8

6.3.3 变应变条件下疲劳方案建立原理

国内外研究者通过不同途径研究沥青混合料的疲劳性能,提出了不同的沥青混合料疲劳模型,这些模型可归为三类:现象学模型、断裂力学模型和能耗模型,其中现象学法研究成果最多。

英国运输和道路研究所提出了可靠度85%、当量温度20℃的沥青路面疲劳设计标准[27]:

$$N_f = 1.66 \times 10^{-10} \times (\varepsilon_t)^{4.32} (AC) \tag{6-3}$$

$$N_f = 4.169 \times 10^{-10} \times (\varepsilon_t)^{-4.16} (AM) \tag{6-4}$$

Elliot 和 Thomson[28]建立拉应变与路面疲劳寿命的关系,对于典型的伊利诺伊州密级配Ⅰ型沥青混合料采用如下的疲劳模型:

$$N_f = 5 \times 10^{-6} \times (\varepsilon_t)^{-3.0} \tag{6-5}$$

不同沥青混合料的疲劳试验研究成果表明,劲度模量在材料疲劳性能中起着重要作用,Monismith 等[29]建立了包含混合料劲度的疲劳模型通式:

$$N_f = K(\varepsilon_t)^{-n}(S_{min})^{-m} \tag{6-6}$$

材料参数对沥青路面材料的疲劳破坏也有着较重要的影响,AASHTO 设计指南[30]中,对AI疲劳方程进行修正,提出了预测沥青路面疲劳寿命的公式:

$$N_f = 0.00432K'C\left(\frac{1}{\varepsilon_t}\right)^{3.9432}\left(\frac{1}{E}\right)^{1.281} \tag{6-7}$$

式中:$C = 10M$,$M = 4.84[V_b/(V_a + V_b) - 0.6875]$;

V_a——空隙率;

V_b——沥青体积率;

E——沥青混合料的动模量;

ε_t——拉应变;

K'——修正系数。

美国 SHRP 计划也深入研究了沥青饱和度、拉应变和混合料劲度对疲劳寿命的影响[31]：

$$N_f = 2.738 \times 10^5 \times e^{0.077\,VFA} \times (S_0) - 2.72 \times (\varepsilon_0)^{-3.624} \tag{6-8}$$

式中：S_0——劲度模量；

ε_0——拉应变。

王旭东[32]等人进行了常应力弯曲疲劳试验研究，他们还根据荷载间歇时间、荷载横向分布和不利季节天数对室内疲劳模型进行了现场修正，得到疲劳模型为：

$$N_e = N_f \times 7 \times 40 \times \frac{365}{60} / 0.5 = 13.7 \times 10^6 A_a A_g / a_c \sigma^{-4.17} \tag{6-9}$$

式中：N_f——试验室疲劳寿命，$N_f = 4025 A_a A_g / A_c / A_c \sigma^{-4.17}$；

A_a——沥青类型系数；

A_g——沥青混合料及配系数；

A_c——公路等级系数。

这些研究基本上都是采用恒应变或者恒应力条件下通过材料疲劳试验建立的，实际路面结构的应力或者应变是变化的。本研究仅针对 AC－13 面层进行加速加载试验，无法对面层材料的参数进行回归，在此采用疲劳方程形式为：$N_f = a\varepsilon_\chi^b$。

6.3.4　加速加载条件下柔性基层沥青路面疲劳破坏模型

1）应变—加载次数—温度关系

该试验路铺筑完成后进行加速加载试验。加载前通过轮迹横移对路面进行均匀加载，然后对路面进行集中加载，传感器位于单侧轮迹中心下，车轮行驶速度为 22km/h，约 11s 加载一次。加载停止条件为：沥青路面表面出现裂缝。通过近 1 年的加载，两种路面结构均出现了裂缝，加载次数—应变—温度之间的关系如图 6-11 和图 6-12 所示。

2）疲劳模型建立

在加载过程中，应变的变化是相对较缓慢的，因此在一定次数范围内可以近似的认为路面面层层底拉应变为一常量，故假设应变的变化为台阶式的变化，共有 n 个台阶，每一台阶定义为一个加载阶段，如图 6-13 所示。即在 i 加载阶段加载次数 N_i 作用下，面层层底拉应变为 ε_i，此时的 ε_i 为一定值，可取加载次数 N_i 作用下的平均值。

经过以上处理后，可进行变应变条件下的沥青路面疲劳寿命方程模型预测。

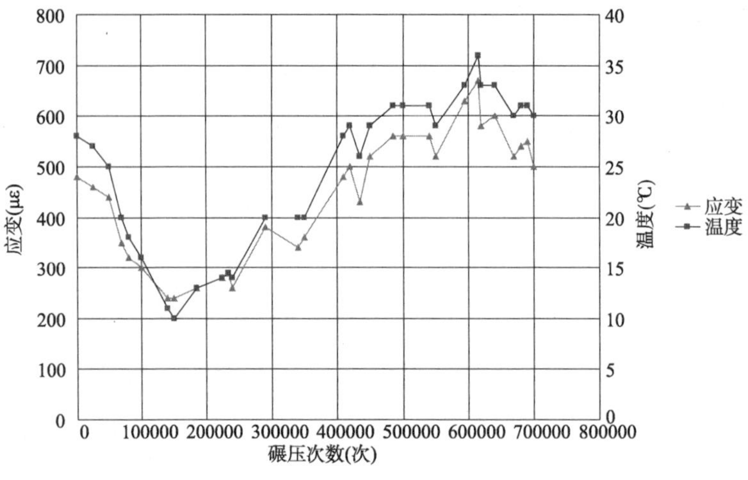

图 6-11 拉应变—温度—碾压次数关系(结构一)

图 6-12 拉应变—温度—碾压次数关系(结构二)

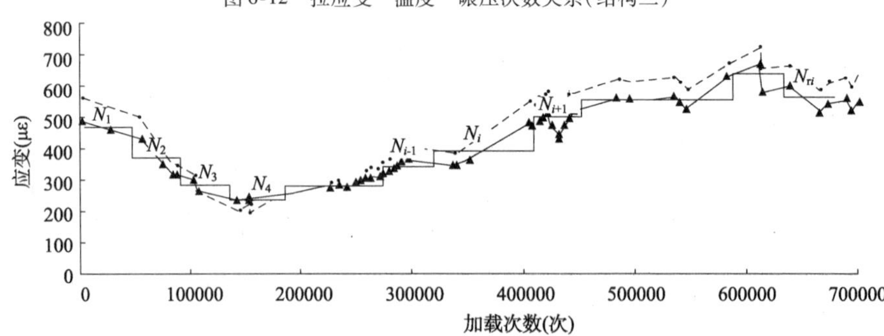

图 6-13 应变数据处理示意图

引入当量加载次数的概念：设在某应变 ε_x 条件下的疲劳寿命次数为 $N_x=a\varepsilon_x^b$，在 ε_i 应变条件下的碾压次数为 $N_i=a\varepsilon_i^b$，则有如下等式成立：

$$\frac{N_i}{N_z}=\frac{a\varepsilon_i^b}{a\varepsilon_z^b} \qquad N_z=\frac{a\varepsilon_z^b}{a\varepsilon_i^b}N_i$$

将 ε_i 应变条件下的碾压次数转变为 ε_x 应变条件下的疲劳寿命次数，N_x 为 N_i 的当量加载次数。

则在第 1 阶段加载 N_1 次的当量加载次数为：

$$N_{z1}=\frac{a\varepsilon_z^b}{a\varepsilon_1^b}N_1$$

在第 2 阶段加载 N_2 次的当量加载次数为：

$$N_{z2}=\frac{a\varepsilon_z^b}{a\varepsilon_2^b}N_2$$

其他阶段的当量加载次数以此类推。

将以上第 i 阶段的加载次数 N_i 转化为当量次数，然后求和所得的总加载次数等于在某应变 ε_x 条件下的疲劳寿命次数为 N_x：

$$N_z=\sum_{i=1}^{n}N_{zi}=\sum_{i}^{n}\frac{a\varepsilon_z^b}{a\varepsilon_i^b}N_i=\sum_{i=1}^{n}\frac{n}{i=1}\frac{\varepsilon_z^b}{\varepsilon_i^b}N_i \tag{6-10}$$

可以把图 6-13 中的第 i 阶段的碾压次数全部转化为当量碾压次数。

得到如下方程：

$$\begin{aligned}&0.93^b\times2.5+1^b\times2.5+1.25^b\times2+1.39^b\times1+1.56^b\times2+2.27^b\times4+2.5^b\times\\&1+1.92^b\times3.5+1.79^b\times4+1.72^b\times1+1.79^b\times0.5+1.25^b\times5+1.25^b\times5+\\&1.25^b\times1+0.89^b\times6+0.86^b\times1+0.96^b\times1.5+0.86^b\times1.5+0.86^b\times3.5+\\&0.81^b\times1.5+0.81^b\times4+0.86^b\times1+0.76^b\times405+0.69^b\times2+0.76^b\times0.5+\\&0.76^b\times2+0.83^b\times3+0.81^b\times1+0.81^b\times1+0.83^b\times1=a(500\times10^{-5})^b\end{aligned} \tag{6-11}$$

$$\begin{aligned}&0.99^b\times2.9+0.99^b\times1.6+1.16^b\times2.9+1.27^b\times0.8+1.29^b\times0.3+\\&1.41^b\times1.8+1.75^b\times0.2+2.08^b\times0.5+2.16^b\times0.4+0.16^b\times0.3+\\&1.96^b\times0.3+2.11^b\times2+2.00^b\times1+1.82^b\times6.5+1.54^b\times1+1.48^b\times0.5+\\&1.67^b\times1+1.54^b\times1+1.33^b\times1+1.33^b\times1+1.18^b\times1+1.11^b\times1+1.18^b\times5+\\&1.11^b\times1+1.08^b\times1+1.08^b\times1+0.83^b\times1+0.8^b\times1+0.83^b\times1.5+\\&0.85^b\times0.5+0.80^b\times0.5+0.85^b\times1+0.91^b\times1+0.80^b\times0.5+0.74^b\times4.5+\\&0.74^b\times1+0.74^b\times4.5+0.80^b\times0.5+0.69^b\times4+0.63^b\times3+\\&0.69^b\times0.77^b\times5.5+0.74^b\times1+0.74^b\times1+0.71^b\times1=a(400\times10^{-6})^b\end{aligned} \tag{6-12}$$

对以上两个方程进行求解，可解得 $a=0.435$，$b=-0.65$。因此 $N_f=0.435\varepsilon_x^{-0.65}$。

按照沥青路面设计规范，当以设计弯沉值为指标及沥青层层底拉应力验算时，各级轴载 P_i 的作用次数 n_i，均应按式(6-13)换算成标准轴载 P 的当量作用次数 N。

$$N=\sum_{i=1}^{k}C1iC_{2i}n_i\left(\frac{P_i}{100}\right)^{4.35} \tag{6-13}$$

依照该公式将 N_f 转变为标准轴载，得到疲劳方程为 $N_f=3.842\varepsilon_x^{-0.65}$。

3)疲劳方程对比分析

受试验次数的限制，本章研究疲劳模型无法考虑更多的因素，只能建立标准轴载作用下的疲劳破坏次数和拉应变之间的关系。将本书所得疲劳预测方程和英国运输和道路研究所预测模型以及 ELLIOT 研究结果进行对比分析，得到相同拉应变条件下各研究结果对于沥青路面疲劳破坏的作用次数(万次)，如图 6-14 所示。应变较小时的沥青路面疲劳破坏的作用次数(万次)无法在图中示意，在此列出，见表 6-3。

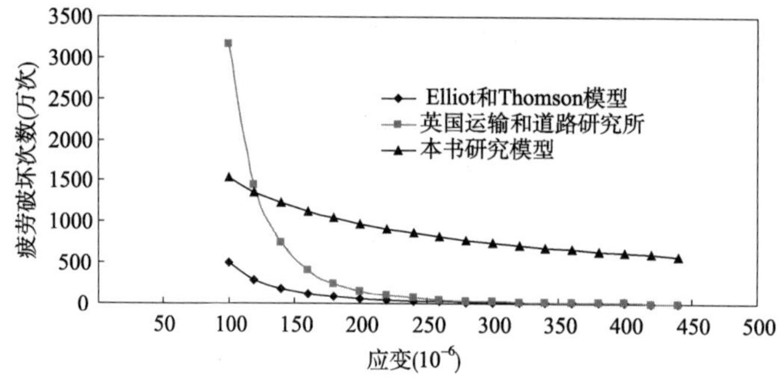

图 6-14 模型对比分析图

不同模型疲劳次数对比(万次) 表 6-3

应变(με)	20	40	60	80
ELLIOT 模型	62500	7813	2315	977
英国运输与道路工程协会模型	3308708	165657	28741	8294
本书研究模型	4354	2775	2132	1768

从图 6-14 和表 6-3 可以看出，英国运输协会应所得到预测模型，在应变较小时疲劳破坏次数较高，随着应变值的增加，疲劳破坏次数迅速衰减，本书研究模型则整体衰减较慢。由于英国运输协会和 ELLIOT 模型都是建立在沥青路面材料室内试验的基础上的，无法反映路面结构、温度等因素的影响，得到的曲线过于理想化。而本书研究结果是建立在真实路面基础上的，是疲劳破坏次数反映的是以车辆荷

载为主导，其他因素共同作用的综合结果，从这一点上来讲本书的研究更符合工程实际情况。

6.4　本章小结

本章首先分析了沥青混合料疲劳寿命影响因素和影响规律，然后通过铺筑 7cm AC13 面层 + 39cm 级配碎石基层，9cm AC13 面层 + 39cm 级配碎石基层两种路面结构作为试验路，进行加速加载试验，试验过程中对沥青路面层底应变、路面温度进行了跟踪观测，通过数据分析得到了柔性基层条件下的疲劳方程模型。得到的结论主要有：

(1)通过引入当量加载次数的概念，不同变应变条件下的加载次数进行转化，建立了两种路面结构的疲劳方程等式，通过求解得到了沥青路面疲劳方程为：$N_f = 3.842\varepsilon_x^{-0.65}$。

(2)对比分析了不同疲劳方程的特点，论证了本章所建立的疲劳方程的合理性。

本章参考文献

[1] 张登良. 沥青路面[M]. 北京：人民交通出版社，1999.

[2] 王保良. 车辆荷载作用下沥青路面疲劳行为研究[D]. 西安：长安大学，2008.

[3] 许志鸿，李淑明，高英，等. 沥青混合料疲劳性能研究[J]. 交通运输工程学报，2001，1(1)：20-24.

[4] Verstraeten J, Ververka V, Francken L. Rational and practical design of asphalt pavements to avoid cracking and rutting[C]. Fifth International Conference on the Structural Design of Asphalt Pavement, 1982, 1: 23-26.

[5] 平树江，申爱琴，李鹏. 长寿命路面沥青混合料疲劳极限研究[J]. 中国公路学报，2009，22(1)：34-38.

[6] 郑南翔，牛思胜，许新权. 重载沥青路面车辙预估的温度—轴载—轴次模型[J]. 中国公路学报，2009，22(3)：8-13.

[7] 苏凯，王春晖，周刚，等. 基于加速加载试验的沥青路面车辙预估研究[J]. 同济大学学报(自然科学版)，2008，36(4)：493-497.

[8] 黄晓明，张晓冰，邓学钧. 沥青路面车辙形成规律环道试验研究[J]. 东南大学学报(自然科学版)，2000，30(5)：96-101.

[9] Powell W. D. ,Potter J. F. ,Mayhew,H. C. The structure design of bituminous roads [R]. Transportation and Road Research Laboratory,1984(1132).

[10] Elliot. R. P. and Thompson. M. R. Mechanistic Design Concepts For Conventional Flexible Pavement, Transportation Engineering Series No. 42, University of Illinois, Urbana, Illinois, February 1986.

[11] Monismith C L, Deacon J A. Fatigue of asphalt paving mixtures [J]. Transportation Engineering Journal. Proceeding of the American Society of Civil Engineers. No. TE2,1969(95).

[12] Guide for mechanistic-empirical design of new and rehabilitated pavement structures[R]. NCHRP 1-37,2004.

[13] Tayebali A. A. , Deacon J. A. , Monismith C. L. Development and evaluation of surrogate fatigue models for SHRP A-003 abridged mix design procedure [J]. Journal of the Association of Asphalt Paving Technologists,1995,64:340-366.

[14] 王旭东,沙爱民,许志鸿. 沥青路面材料动力特性与动态参数[M]. 北京:人民交通出版社,2002: 94-104.

[15] 谢军,郭忠印. 沥青混合料疲劳响应模型试验研究[J]. 公路交通科技,2007,24(5):21-25.

[16] 吕松涛. 考虑加载速度影响的沥青混合料疲劳方程[J]. 工程力学,2012,29(8):276-279.

[17] 瞿鑫,田小革,栾利强,等. 沥青混合料疲劳寿命及其影响因素研究[J]. 中外公路,2010,30(5):266-269.

[18] 吴志勇,张肖宁,游宏,等. 基于应变控制的沥青混合料疲劳寿命预测[J]. 华南理工大学学报(自然科学版),2014,(2):139-144.

[19] 葛折圣,黄朝晖,黄晓明. 沥青混合料疲劳性能的影响因素分析[J]. 公路交通科技,2002,19(2)1-4.

[20] 朱洪洲,黄晓明. 沥青混合料疲劳性能关键影响因素分析[J]. 东南大学学报(自然科学版),2004,34(3):260-263.

[21] 杜群乐,孙立军,黄卫东,等. 不同设计方法下沥青混合料疲劳性能研究[J]. 同济大学学报(自然科学版),2007,35(9):1204-1208.

[22] 黄卫东,高川,李昆. 橡胶沥青混合料疲劳性能影响因素研究[J]. 同济大学学报(自然科学版),2009,37(12):1608-1614.

[23] 沈金安. 沥青及沥青混合料路用性能[M]. 北京:人民交通出版社,2001.

[24] 李松,李艳春. 集料天然特性对沥青混合料疲劳开裂的影响[J]. 中外公路,

2014,34(2):239-244.

[25] 黄晓明. 沥青混合料疲劳性能关键影响因素分析[J]. 东南大学学报,2004,34(2):260-263.

[26] 秦旻,梁乃兴,陆兆峰. 水—温作用下沥青混合料疲劳性能分析[J]. 中南大学学报(自然科学版),2011,42(4):1126-1132.

第7章　车辆动荷载作用下路面动态响应仿真分析

大型 MTS 施加较大荷载时，沥青路面和加载压头的橡胶轮胎竖向变形较大，作动器无法完成高频率荷载。采用仿真计算进行分析高频荷载作用下沥青路面动态响应研究是有益补充。对路面动态响应的研究大都通过有限元软件进行仿真分析，董铁[1]建立了沥青路面的三维有限元模型，采用非线性理论分析了不同交通荷载对沥青路面车辙变形和剪切应力的影响。赵延庆[2]研究了荷载模式（矩形、半正弦和三角形荷载）和温度等因素对沥青路面路表弯沉、沥青层底水平拉应变和土基顶面压应变黏弹性响应的影响。发现温度越高，黏弹性响应峰值和残余响应越大，且矩形荷载下得到的响应峰值和残余响应都大于半正弦和三角形荷载下的响应峰值。在循环荷载作用下，黏弹性响应峰值和残余响应逐渐累积，并且逐渐趋于稳定，且温度越高，达到稳定所需的循环次数越多。彭卫兵等[3]用 ABAQUS 建立了典型半刚性基层沥青路面三维计算模型，针对沥青路面剪切动响应控制性外部影响因素，以及单次及反复刹车作用下沥青路面剪应力与水平位移变化规律进行了数值模拟分析。另外还有多位学者[4-7]都是建立有限元模型，采用弹塑性或者黏弹性单元建立三维有限元模型进行仿真分析。

沥青混合料作为黏弹性材料是一种典型的黏、弹、塑性综合体，它是以黏弹性为其基本的力学特征。主要包括：材料的力学特性与加载速度有关、材料的力学特性和温度有关、材料具有明显的蠕变和应力松弛现象。采用黏弹性进行仿真分析能真实的反映出路面结构的响应。动态模量能反映材料的黏弹性特征，动荷载作用下的沥青路面结构响应分析必须使用动态模量进行分析。

我国沥青路面设计基于弹性层状体系理论，采用静态模量参数，而行驶的车辆对路面施加的是动态荷载，沥青路面结构在动态荷载和静态荷载下具有截然不同的力学性状。动态模量是在特定的加载方式与一定的加载频率下的动态响应，能反映路面的受力状态，因此，有关动态模量的研究对于路面结构设计具有非常重要的意义。目前，国内外学者对沥青混合料动态模量进行了一系列研究：Birgisson 等提出路面结构设计的基本输入参数之一的动态模量[8-10]；肖晶晶等利用 SPT 简单性能试验机对水泥乳化沥青混合料的动态模量和相位角进行了测试，得到了水泥乳化沥青混合料的动态模量主曲线方程，对比了水泥乳化沥青混合料与普通热拌沥青混合料的动态模量特性[11]；赵延庆等利用 SPT 简单性能试验机测量了 SMA－13 与 Superpave 两种沥青混凝土在不同温度和荷载作用频率下的动态模量，分析了温度与荷载频率对动态模量与相位角的影响[12]；李强等采用不同受力模式对 3 种沥青混合料进行动态模量试验，分析了受力模式、围压、应变水平等因素对沥青混合料动态模量主曲线的影响[13]；刘红等采用 SPT 简单性能试验机测试普通 AC－13 型沥青混合料与加入聚酯纤维的 AC－13 型沥青混合料在 3 个温度与 10 个频率下的动态模量[14]；任瑞波等利用基本性能试验系统进行了动态模量试验，分析了温度与加载频率对动态模量和相位角的影响规律[15]。

本章基于国外沥青路面设计方法中参数试验方法，选取与加速加载试验路相同的沥青混合料进行室内动态模量试验，并参考相关文献确定了水泥稳定碎石、石灰土等动态模量后进行仿真分析，研究动态荷载作用下沥青路面结构的动态响应。

7.1　模型的建立

7.1.1　模型材料及几何尺寸的选择

为了模拟试验模型箱内大型 MTS 试验，有限元路面模型尺寸取 2.0m（长）×1.0m（宽向）×1.96m（高），模型平面尺寸为大型 MTS 试验路面结构的 1/4。各层材料均与第四章的试验路结构相同。

7.1.2　边界条件及单元的选择

为了得到更准确的数据需要选择正确的边界条件，此模型的边界条件为沿行车方向两断面（沿 y 轴方向）及垂直于行车方向两断面（沿 x 轴方向）的位移为 0，底面（$z=0$）为完全固定，单元类型采用三维六面体八结点等参单元（solid185）。

7.1.3　荷载作用大小及形状

大量的文献资料及其试验结果显示，轮胎作用于路面的形状更接近于矩形，且随荷载的增加，矩形形状越明显。通过大型 MTS 加载面积测定也可以知道荷载作用基本上是矩形。因此本章设计加载面积为 18cm×18cm 的正方形，由于采用的是大型模型箱的 1/4 模型，因此加载面积为 9cm×9cm。依据第四章中所测得轮胎接地压强，确定模拟轮胎压强为 0.7MPa、1.0MPa 和 1.3MPa。

7.1.4 动力分析的实现

随着高速公路的发展,车辆的速度也逐渐加快,车辆在路面上的行驶状态采用静载已不能准确的模拟,分析结果跟实际的运行情况也将存在很大的误差。在这里采用动态荷载来模拟,一般有 3 种方法:Fourier 级数、功率谱密度函数 PSD、半正弦波模拟。本章采用半正弦波模拟,将正弦波分为若干个荷载步加载到有限元模型上,以 1Hz 的半正弦波为例,在加载作用区域上的时程变化曲线如图 7-1 所示。

7.1.5 网格划分

网格越小越密集,理论上计算结果精度越高。但是过度细化网格将大幅增加计算规模,消耗更长的运算时间,同时计算结果的舍入误差也会累积增多。因此,在进行网格划分时,应综合权衡计算精度与计算规模。本章建模时通过采用全局布种和局部细化相结合的方式做网格划分,沥青路面三维有限元动力模型如图 7-2 所示。

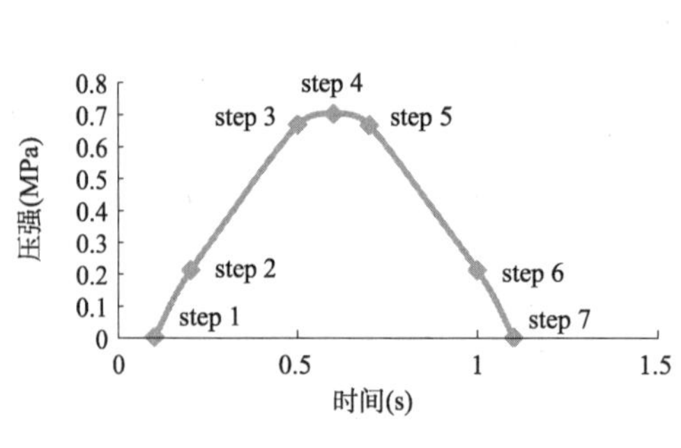

图 7-1 加载方式示意图

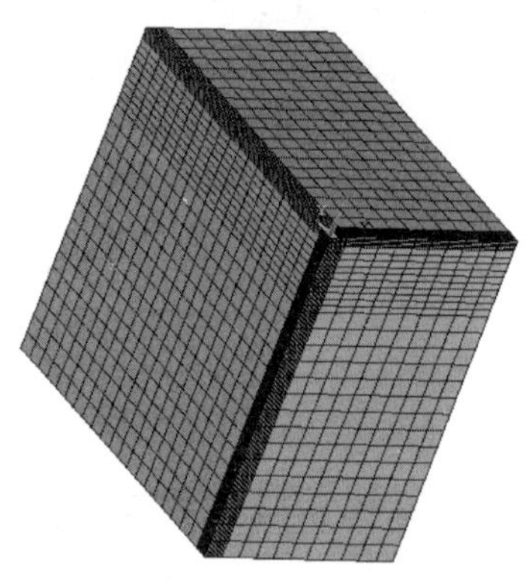

图 7-2 沥青动载有限元模型

7.2 路面材料动模量

7.2.1 沥青混合料动态模量[16]

动态模量试验施加的动态荷载是具有一定波形和频率的周期性荷载,借鉴振动学中阻抗的概念,动态模量值定义为:对于具有一定周期和波形的动态荷载,其应力振幅与应变振幅的比值。开尔文模型可用来表示沥青混合料的黏弹性性能,如图 7-3 所示。开尔文模型在正弦荷载的作用下,正弦荷载可以用一复数表示为:

$$\sigma = \sigma_0\cos(\omega t) + i\sigma_0\sin(\omega t) = \sigma_0\sigma e\sigma^{i\omega t} \tag{7-1}$$

式中：σ_0——应力幅值（MPa）；

ω——角速度（rad/s），与频率的关系为：$\omega = 2\pi f$；

f——加载频率（Hz）。

在不计惯性作用的条件下，基本微分方程可写成：

$$\lambda_1 \frac{\partial \varepsilon}{\partial t} + E_1\varepsilon = \sigma_0 e^{i\omega t} \tag{7-2}$$

式中：λ_1——黏度系数；

E——弹性模量。

式（7-2）的解为：

$$\varepsilon = \varepsilon_0 e^{i(\omega t - \phi)} \tag{7-3}$$

式中：ε——应变幅值（mm）；

ϕ——应变滞后于应力的相位角。如图 7-4 所示。

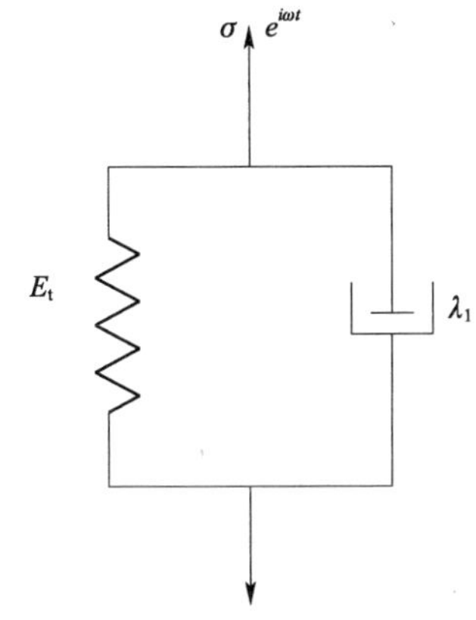

图 7-3 开尔文模型

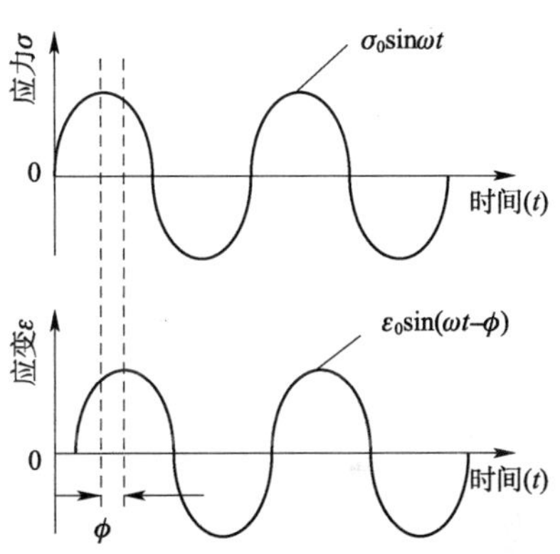

图 7-4 应变滞后于应力

将式（7-3）代入式（7-2）中，得到：

$$i\lambda_1\varepsilon_0\omega e^{i(\omega t-\phi)} + E_1\varepsilon_0 e^{i(\omega t-\phi)} = \sigma_0 e^{i\omega t} \tag{7-4}$$

消除式（7-4）中两边的 $e^{i\omega t}$，并使实数项等于 σ_0，虚数项等于 0，得到两个求解 ε_0 和 ϕ 的方程，如下式：

$$\lambda_1\omega\varepsilon_0\sin\phi + E_1\varepsilon_0\cos\phi = \sigma_0 \tag{7-5a}$$

$$\lambda_1\omega\varepsilon_0\cos\phi - E_1\varepsilon_0\sin\phi = 0 \tag{7-5b}$$

式（7-5）的解为：

$$\varepsilon_0 \frac{\sigma_0}{\sqrt{E_1^2 + (\lambda_1\omega)^2}} \tag{7-6a}$$

$$\tan\phi - \frac{\lambda_1 \omega}{E_1} \tag{7-6b}$$

从式(7-6b)可以看出,对于弹性材料 $\lambda_1 = 0$,则 $\phi = 0$;而对于黏性材料 $E_1 = 0$,则 $\phi = \pi/2$。因此,对于黏弹性材料,相位角为 $0 \sim \pi/2$。

复数模量 E^* 定义为:

$$E^* = \frac{\sigma}{\varepsilon} = \frac{\sigma_0 e^{i\omega t}}{\varepsilon_0 \mathrm{e}^{i(\omega t - \phi)}} \tag{7-7}$$

或

$$E^* = \frac{\sigma_0}{\varepsilon_0}\cos\phi + i\frac{\sigma_0}{\varepsilon_0}\sin\phi \tag{7-8}$$

动态模量反映了材料抵抗变形的能力,其计算式为:

$$|E^*| = \sqrt{\left(\frac{\sigma_0}{\varepsilon_0}\cos\phi\right)^2 + \left(\frac{\sigma_0}{\varepsilon_0}\sin\phi\right)^2} = \frac{\sigma_0}{\varepsilon_0} \tag{7-9}$$

根据式(7-9),室内圆柱形试件的动态单轴抗压试验,动态模量的计算公式可改写为:

$$|E^*| = \frac{P/A}{\Delta/l_0} \tag{7-10}$$

式中:P、Δ——分别为荷载振幅和变形振幅;

A——试件径向横截面面积;

l_0——试件上位移传感器的量测间距。

7.2.2 沥青混合料动态模量试验方法[17]

目前沥青混合料材料的动态模量可以通过室内试验和室外试验测定。本书研究主要是通过室内试验得到沥青混合料的动态模量,其根据振动原理的不同可将室内动态模量试验分为重复加载法、超声波法、振动法等形式。

1)重复加载法

此法是按照路面材料静态模量的测试思路,通过能施加动荷载的测试系统,对试件施加一系列固定波形、频率的动态荷载,测量试件的变形响应,根据应力与应变的比值计算动态模量。

2)超声波法

超声波属于机械波,当一定频率的脉冲通过某种具有弹性的材料时,它会向各个方向传播,其中垂直于激发平面方向的纵波则能将大部分能量传递给这种材料。超声波仪就是利用电声换能器在试件中激发脉冲波。具体的实现方法是把由压电元件组成的发射探头电—声换能器和接收探头声—电换能器接触在试件表面。由发射探头发射的超声波便被接收探头接收，根据接收到的声学参数，便可测算得声速，进而计算得到材料的动态模量，原理如图 7-5 所示。

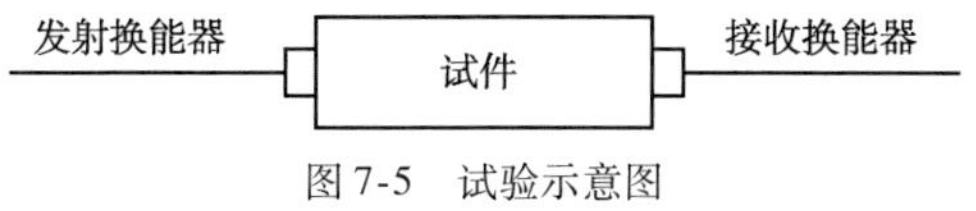

图 7-5 试验示意图

3）敲击振动法

试验时，首先锤击试件，其冲击力相当于半正旋脉冲，该瞬态信号通常在几百微秒至一二十毫秒内变化。由力锤冲击材料所产生的机械振动信号通过压电式加速度传感器接收并转化成电信号，再通过功率放大器放大，输入到数字信号分析仪中对试验波形进行分析，采样读取材料的一阶共振频率，然后进行计算得到。

7.2.3 沥青混合料动态模量

在交通运输部应用基础研究项目《基于双轴加速加载试验的沥青路面疲劳损坏演变规律研究》，利用 MTS 材料试验系统，采用常应变控制方式对旋转压实成型的圆柱体试件施加连续正弦荷载，得到表 7-1 所列的 AC－13 沥青路面材料的动态模量。

AC－13C 沥青混合料动态模量（MPa） 表 7-1

频 率 （Hz）	温 度 （℃）			
	4	21	37	54
25	25298	12320	4588	1434
10	23890	10921	3873	848
5	21112	9670	3188	668
2	17853	7602	2022	508
1	16012	5121	1234	356
0.5	13240	3824	982	262
0.1	8450	2023	566	188

将以上数据进行整理，得到如图 7-6 所示的不同温度和不同荷载频率下的动态模量变化图。

从表 7-2 和图 7-16 可以看出，沥青混合料的动态模量大小与温度及荷载频率有很大关系。在相同的温度下，AC－13 沥青混合料的动态模量随加载频率的增大而递增，5Hz 之前混合料的动态模量迅速增加，5Hz 之后趋于平缓。由此可以说明，随着频率的增大，沥青混合料的动态模量不会无限制的提高。因为沥青混合料的黏性在加载频率逐渐增大时会逐渐减弱而弹性会增强。在相同的频率下，动态模量随着温度的升高有所降低，这是由于作为胶结料的沥青的回弹模量逐渐降低导致的。

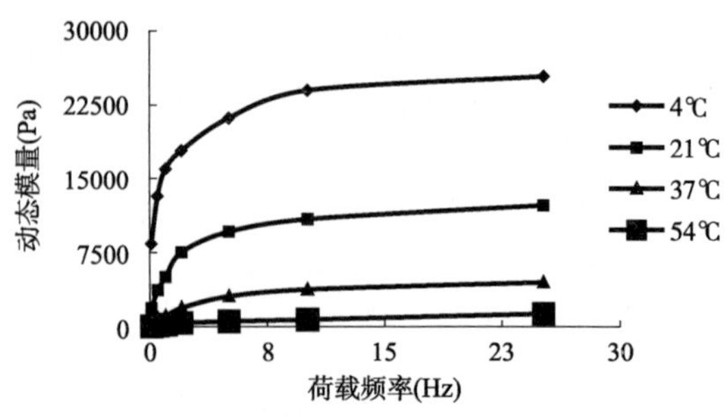

图 7-6　AC－13C 动态模量

经调查我国道路行车速度大约为 60～65km/h，参照 Vander poel 的公式 $t=1/2\pi f$ 可知，60～65km/h 车速相当于加载频率为 10Hz。因此选取在 10Hz 加载频率下对混合料不同温度下的动态模量值进行评价更具有现实意义。图 7-7 为 10Hz 加载频率下，沥青混合料的动态模量。

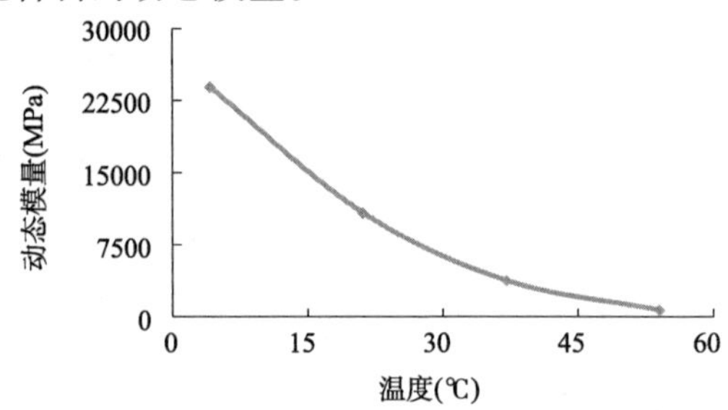

图 7-7　10Hz 下模量随温度变化规律

从图 7-7 可以看出，随着试验温度的增加，相同频率下动态模量总体上呈减小的趋势。在 4～37℃之间，动态模量随着温度的升高，其减小的趋势比较明显；当温度超过 37℃时，动态模量减小的趋势变缓。

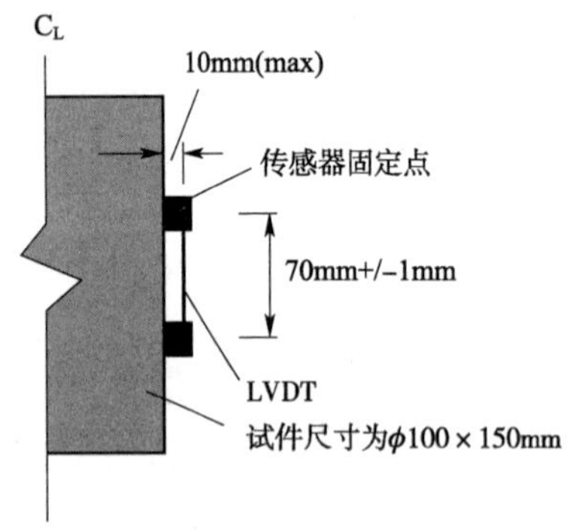

图 7-8　动态模量试验 LVDT 安装

7.2.4　水泥稳定碎石动态模量试验方法

预制 φ100mm×150mm 圆柱体试件，将位移传感器安置于试件侧面中部，使其与试件端面垂直。调节位移传感器，使其测量范围可以测量试件中部的压缩变形。对水泥稳定碎石混合料圆柱体试件在轴向施加不同频率的正弦周期荷载，如图 7-8 所示。

动态模量试验采用常应变或常应力控制方式，对试件施加正弦荷载。加荷确保试件载弹性范围内变形,不发生破坏,加载大小参考材料在路面结构中承受的压应力大小。动态抗压模量试验设备可采用SPT简单性能试验和MTS两种加载设备进行,如图7-9和图7-10所示。

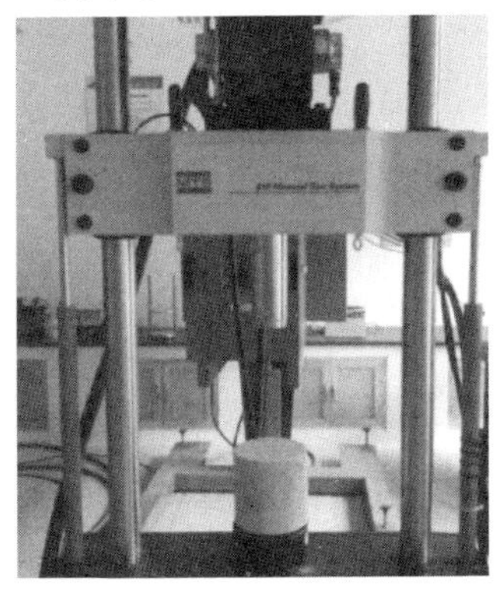

图7-9 MTS试验系统

图7-10 简单材料性能试验仪

7.2.5 动态模量的取值

程箭[18]分析了静态模量和动态模量的定义及试验方法,并采用MTS(材料试验机)对3种水泥用量的水泥稳定碎石进行了不同荷载级位下的静态模量和动态模量试验。结果表明,动态模量试验方法更符合路面实际受力状况;水泥稳定碎石不是纯粹的弹性材料,其动态模量随水泥用量的增加而显著增加;静态模量和动态模量均随荷载的增加而增加;相同荷载级位下,水泥稳定碎石的动态模量比静态模量大,两者的比值约为1.2~1.6。交通运输部公路科学研究院汪水银[19]采用4%、6%、8%、10%、12%五种不同的水泥剂量,按照98%的压实度制备试件,分别测试了7d、180d无侧限抗压强度,并分别加载测定了180d动静态回弹模量,结果发现动态模量明显大于静态模量,动态模量一般为静态模量的1.6~2.0倍。

根据以上的研究成果和相关的研究文献[18-21],各层材料的动模量取值见表7-2。

动模量取值(MPa) 表7-2

材料名称		荷载频率			
		静荷载	1Hz	5Hz	10Hz
AC-13	30℃	1200	2600	5000	6000
	50℃	200	400	700	900

续上表

材料名称	荷载频率			
	静荷载	1Hz	5Hz	10Hz
水泥稳定碎石	1400	2200	3000	3200
石灰土	500	800	1200	1400
路基土	40	80	90	95

7.3 理论仿真结果与试验结果的对比分析

在进行大型 MTS 模拟动荷载的试验中，测得了不同荷载不同频率作用下的沥青面层层底和基层层底拉应变，在此列出荷载为 1.3MPa 压力、1Hz 加载频率作用下拉应变值，如图 7-11、图 7-12 所示。

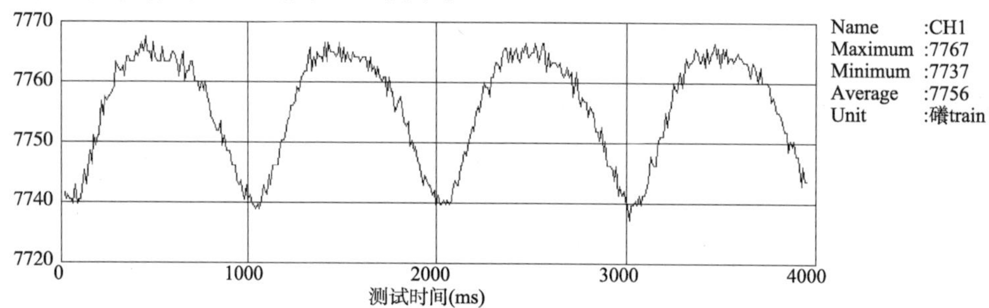

图 7-11　1.3MPa 荷载作用下面层层底拉应变

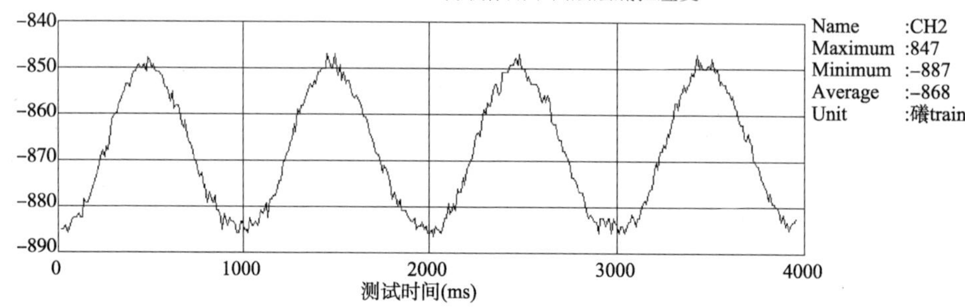

图 7-12　1.3MPa 荷载作用下基层层底拉应变

按照以上参数对所建模型进行仿真分析，得到温度 30℃、荷载 1.3MPa，荷载频率为 1Hz 压力作用下面层和基层层底拉应变。和大型 MTS 加载所得面层和基层层底试验数据进行对比，得到如图 7-13、图 7-14 所示的对比结果。

从以上两图可以看出，当采用动态模量后，理论数据和试验数据基本接近。图中应变时程曲线形状的差异形成的原因较多,可能有以下几种:由于理论分析过程中采用 7 个荷载步实现的动荷载,模拟半正弦波不够精细造成的;施工时试验路模型的施工厚度不均、材料不均造成的;传感器埋置位置产生偏差。由于两者基本接近,可以认为仿真能基本接近反映实际情况,参数取值合理。

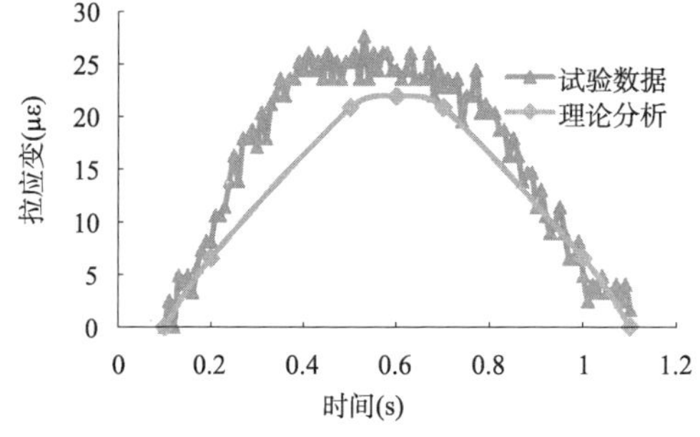

图 7-13　面层层底拉应变试验和理论数据对比

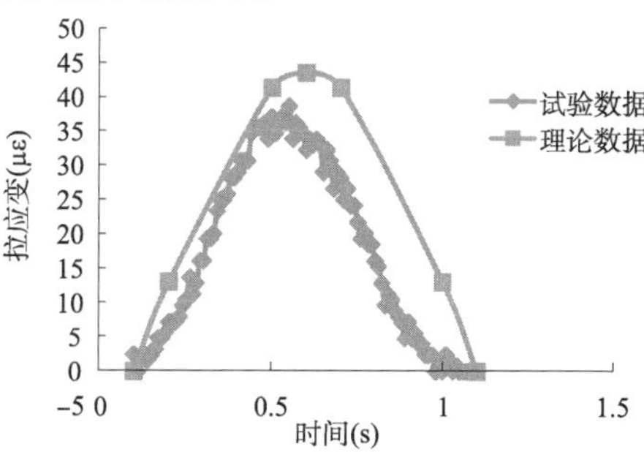

图 7-14　基层层底拉应变试验和理论数据对比

7.4　动静荷载工况组合

根据第三章的研究结果表明,货车轮轴竖向振动共振频率有两个,分别在 5Hz 和 10Hz 左右,因此本章分析取该两种共振频率进行分析。

由于车辆振动符合零均值的正态分布,方差等于均方值。从第三章表 3-1 可以看出,车辆振动加速度均方值大多数分布在 1 ~ 2m^2/s 范围内,在此均方值取 1.5m^2/s,也就是竖向振动加速度方差 σ 取 0.15g。为了研究考虑车辆动荷载后的路面结构动态响应并和静荷载作用下路面应变相比较,同时考虑到车辆轮轴振动加速度在 3 倍方差以外的概率非常低,竖向振动加速度均值取 1.5m^2/s、4.5m^2/s,也就是 0.15g、0.45g。动静荷载组合见表 7-3。

荷 载 工 况　　表 7-3

加载条件	荷载组合工况					
	工况 1:静荷载	工况 2:动荷载 + 静荷载	工况 3:动荷载 + 静荷载	工况 4:动荷载 + 静荷载	工况 5:动荷载 + 静荷载	工况 6:动荷载 + 静荷载
静荷载(MPa)	1	1	1	1	1	1
荷载频率(Hz)	—	5	10	5	10	5
动荷载取值(g)	—	0.15	0.15	0.45	0.45	0.45
温度(℃)	30	30	30	30	30	50

7.5 仿真分析结果

7.5.1 弯沉对比分析

通过对以上6种工况最大弯沉值进行计算，取工况1、工况2和工况3对比分析得到如图7-15所示的最大弯沉对比图。

从图7-15可以看出，静荷载作用下弯沉值最大。对比工况2和工况3的弯沉值，可以看出两者基本相等，频率对弯沉的影响不大。

对工况1、工况4、工况5和工况6对比分析，得到如图7-16所示的最大弯沉对比图。

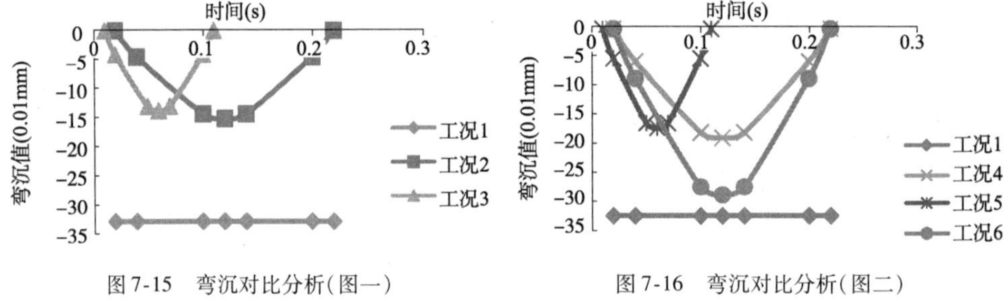

图7-15 弯沉对比分析(图一)　　图7-16 弯沉对比分析(图二)

从图7-16中同样可以看出，静荷载时路面弯沉最大。对比工况4和工况5的弯沉值，可以看出两者基本相等，频率对弯沉的影响不大。工况6中的弯沉峰值和静荷载作用下的弯沉基本接近，远大于其他情况，可以知道，路面温度对弯沉有较大影响。

7.5.2 基层拉应变

对不同工况的基层层底最大拉应变进行分析，得到如图7-17所示的基层层底拉应变对比图。

从图7-17中可以看出，静荷载时基层层底拉应变最大，动荷载作用时拉应变变小，而且动荷载频率越高，拉应变就减小，但减小幅度不大，这和弯沉变化规律很相近。

7.5.3 面层层底拉应变

对不同工况的面层层底最大拉应变进行计算，取工况1、工况2和工况3对比分析,得到如图 7-18 所示的面层层底拉应变对比图。

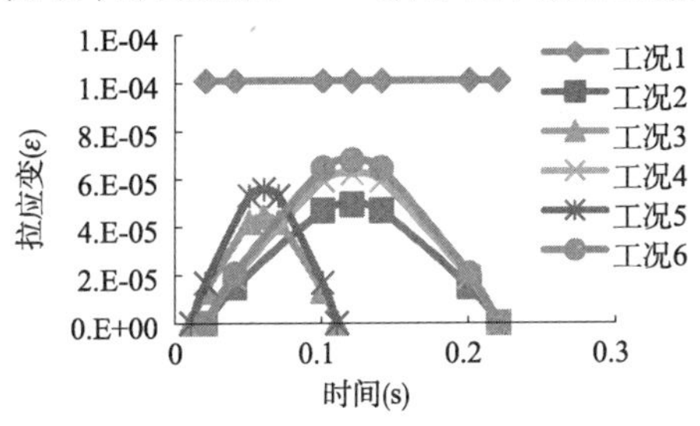

图 7-17　基层层底应变对比图

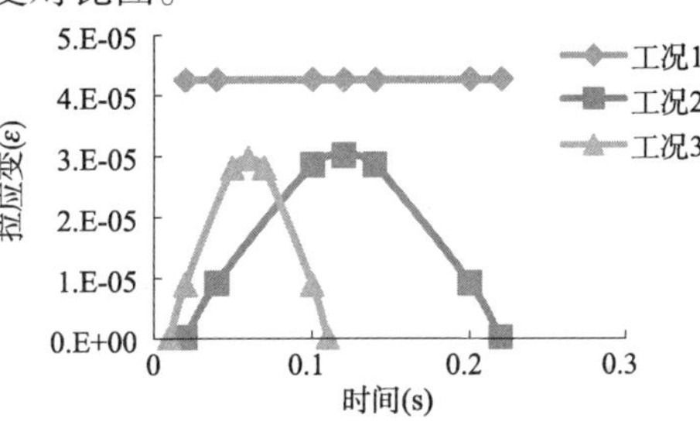

图 7-18　面层层底拉应变对比图

从图中可以看出,在 30℃条件下,静荷载作用下沥青层层底拉应变比 0.15g 竖向加速度动荷载作用下要略大一些。说明荷载时间对层底拉应变仍然有一定的影响。

对工况 1、工况 4、工况 5 和工况 6 对比分析得到如图 7-19 所示的层底最大拉应变对比图。

从图 7-19 可以看出,竖向加速度达到 0.45g 时,动静荷载引起的面层底拉应变基本接近。当温度达到 50℃时,工况 6 产生的层底拉应变最大,这说明温度对拉应变有着很大的影响。

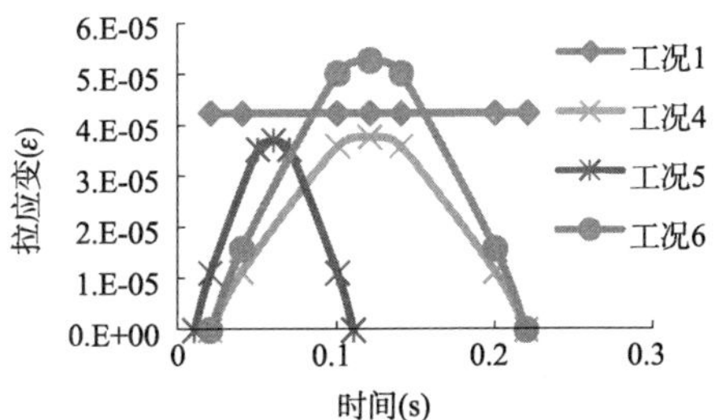

图 7-19　层底最大拉应变对比图

本章荷载频率对比取值为 5Hz 和 10Hz。从图 7-15 ~ 图 7-19 还可以看出,这两种频率作用下,弯沉和层底拉应变相差不大,这是由于荷载频率超过 5Hz 后,基层和面层模量相差不大,也就是相当于车辆速度超过 30km/h 后,荷载频率对面层层底拉应变影响较小,而竖向加速度大小对面层层底拉应变影响起主导作用。

7.6　本章小结

建立了三维有限元模型,通过荷载步实现了动荷载施加,考虑路面材料的动态模量进行路面结构动力响应仿真分析,得到的结论主要有:

(1)考虑路面材料的动态模量情况下,计算结果和仿真结果比较接近,试验数据和仿真数据得到相互验证;动荷载作用下的路面结构响应仿真分析应采用动模量进行分析。

(2)动荷载作用下基层和底基层的拉应变小于静荷载作用下的拉应变,弯沉也小于静荷载作用下的弯沉值。

(3)荷载频率超过5Hz后,频率对弯沉和层底拉应变的影响不大,温度和动荷载对面层层底拉应变影响较大。

本章参考文献

[1] 董铁,彭妙娟,薛继盛. 交通荷载下沥青路面车辙三维非线性有限元分析[J]. 应用力学学报,2012,29(2):98-103.

[2] 赵延庆,陈静云. 沥青路面黏弹性三维有限元分析[J]. 华中科技大学学报(自然科学版),2009,37(9):86-89.

[3] 彭卫兵,刘萌成,刘书镐. 刹车荷载反复作用下沥青路面剪切动响应三维有限元分析[J]. 公路交通科技,2009,26(9):46-52.

[4] 王延龙,郑元勋. 沥青道路三维有限元模型的建立及验证[J]. 佳木斯大学学报,2011,29(5):699-702

[5] 任瑞波,祁文洋,徐强. 两种典型沥青混凝土路面结构沥青层饱水状态动力响应三维有限元分析[J]. 公路,2011(2):1-5.

[6] 申爱琴,王礼根,万晨光,等. 耦合场下吐鲁番半刚性沥青路面三维有限元分析[J]. 重庆交通大学学报,2016,35(1):40-45.

[7] 何兆益,雷婷,陈洪兴,等. 沥青路面车辙变形的三维粘弹性动力有限元分析[J]. 重庆建筑大学学报,2008,30(6):32-36.

[8] Birgisson B. Soranakom C. , Napier J A L, et al. Microstructure and fracture in asphalt mixtures using a boundary element approach[J]. Journal of Materials in Civil Engineering, 2004, 16(2):116-121.

[9] YOU Zhan-ping. Development of a micromechanical modeling approach to predict asphalt mixture stiffness using the discrete element method[D]. Urbana-Champaign: university of Illinois at Urban-Chanpaign, 2003.

[10] WU Jian-min, LIANG Jia-ping, ADHIKARI S. Dynamic response of concrete pavement structure with asphalt isolating layer under moving loads[J]. Journal of traffic and transportation Engineering: English Edition, 2014, 1(6):439-447.

[11] 肖晶晶,沙爱民,蒋玮,等. 水泥如花沥青混合料动态模量特型[J]. 建筑材料学报,2013,16(3):446-450.

[12] 赵延庆,吴剑,文健. 沥青混合料动态模量及主曲线的确定与分析[J]. 公路,

2006,8:163-167.
[13] 李强,李国芬,王宏畅. 受力模式对沥青混合料动态模量的影响[J]. 建筑材料学报,2014,17(5):816-822.
[14] 刘红,孔永健,曹东伟. 加入聚氨酯纤维对沥青混合料动态模量的影响[J]. 公路交通科技,2011,28(8):25-29.
[15] 任瑞波,王立志,耿立涛. 稳定型橡胶改性沥青混合料动态模量研究[J]. 山东建筑大学学报,2013,28(4):283-288.
[16] 羊明. 沥青混合料动态模量研究[D]. 长沙:长沙理工大学,2007.
[17] 孙健. 沥青混合料动态模量研究[D]. 西安:长安大学,2007.
[18] 程箭,许志鸿,李淑明,等. 水泥稳定碎石静态模量与动态模量比较[J]. 建筑材料学报,2009,12(1):63-66.
[19] 汪水银. 半刚性基层材料动静态模量研究[J]. 道路工程,2009,22(4):9-13.
[20] 沙爱民,贾侃,陆剑卿,等. 半刚性基层材料动态模量的衰变规律[J]. 中国公路学报,2009,22(3):1-6.
[21] 王佳. 粗粒土动弹性模量与阻尼试验研究[D]. 长沙:中南大学,2013.